ARTE E HABILIDADE

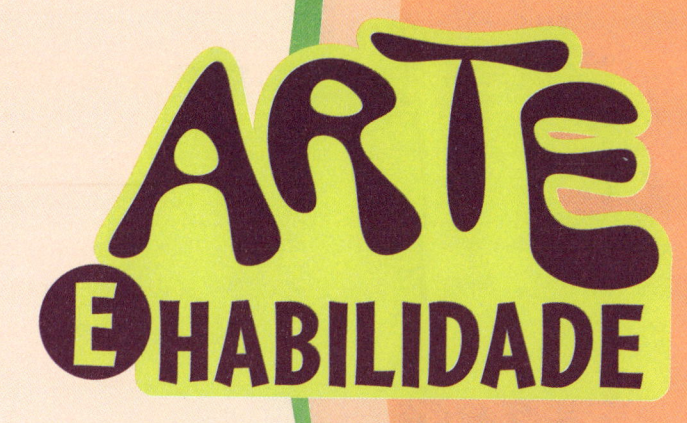

ANGELA ANITA CANTELE
BRUNA RENATA CANTELE

1º ano
ENSINO FUNDAMENTAL ANOS INICIAIS

"APAIXONADA POR ARTE, AOS 7 ANOS INICIEI MEUS ESTUDOS E PINTEI MINHA PRIMEIRA TELA. DESDE ENTÃO, NUNCA MAIS DEIXEI MEUS PINCÉIS E MINHAS CORES. SEMPRE FOI POR MEIO DA ARTE QUE EXPRESSEI MEUS SENTIMENTOS, MEUS SONHOS E É COMO ME REALIZO. POR ISSO OPTEI POR SER ARTE-EDUCADORA."

ANGELA ANITA CANTELE

"APRENDI A GOSTAR DE ARTE E HISTÓRIA DESDE PEQUENA. MEU PAI ME CONTAVA HISTÓRIAS E MOSTRAVA FIGURAS DE ARTE E DIZIA QUE TODA HISTÓRIA TEM ARTE E TODA ARTE TEM HISTÓRIA. LEMBRO-ME DE QUANDO GANHEI UMA LOUSA E UMA CAIXA DE GIZ... BRINCAVA DE PROFESSORA E QUERIA ENSINAR, CONTAR HISTÓRIAS E DESENHAR. CRESCI, ME FORMEI EM HISTÓRIA DA ARTE E DEPOIS EM HISTÓRIA. É UM CASO DE AMOR."

BRUNA RENATA CANTELE

4ª edição
São Paulo
2023

IBEP

ANGELA ANITA CANTELE

Formada pela Faculdade de Belas Artes de São Paulo em Artes Plásticas e bacharel em Desenho.
Curso de *design* de interiores pela Escola Panamericana de Arte e *Design*. Cursos de artesanato, dobradura, pintura em tela e aquarela.
Especialização de pintura em seda pura.
Curso de História da Arte em Florença e Veneza, Itália.
Autora de livros didáticos e paradidáticos, arte-educadora.

BRUNA RENATA CANTELE

Mestre em Educação e historiadora.
Curso de Desenho Artístico e Publicitário Dr. Paulo Silva Telles.
Curso de História da Arte em Florença e Veneza, Itália.
Orientadora educacional, consultora e assessora pedagógico-administrativa em colégios da rede particular de ensino.
Autora de livros didáticos e paradidáticos.

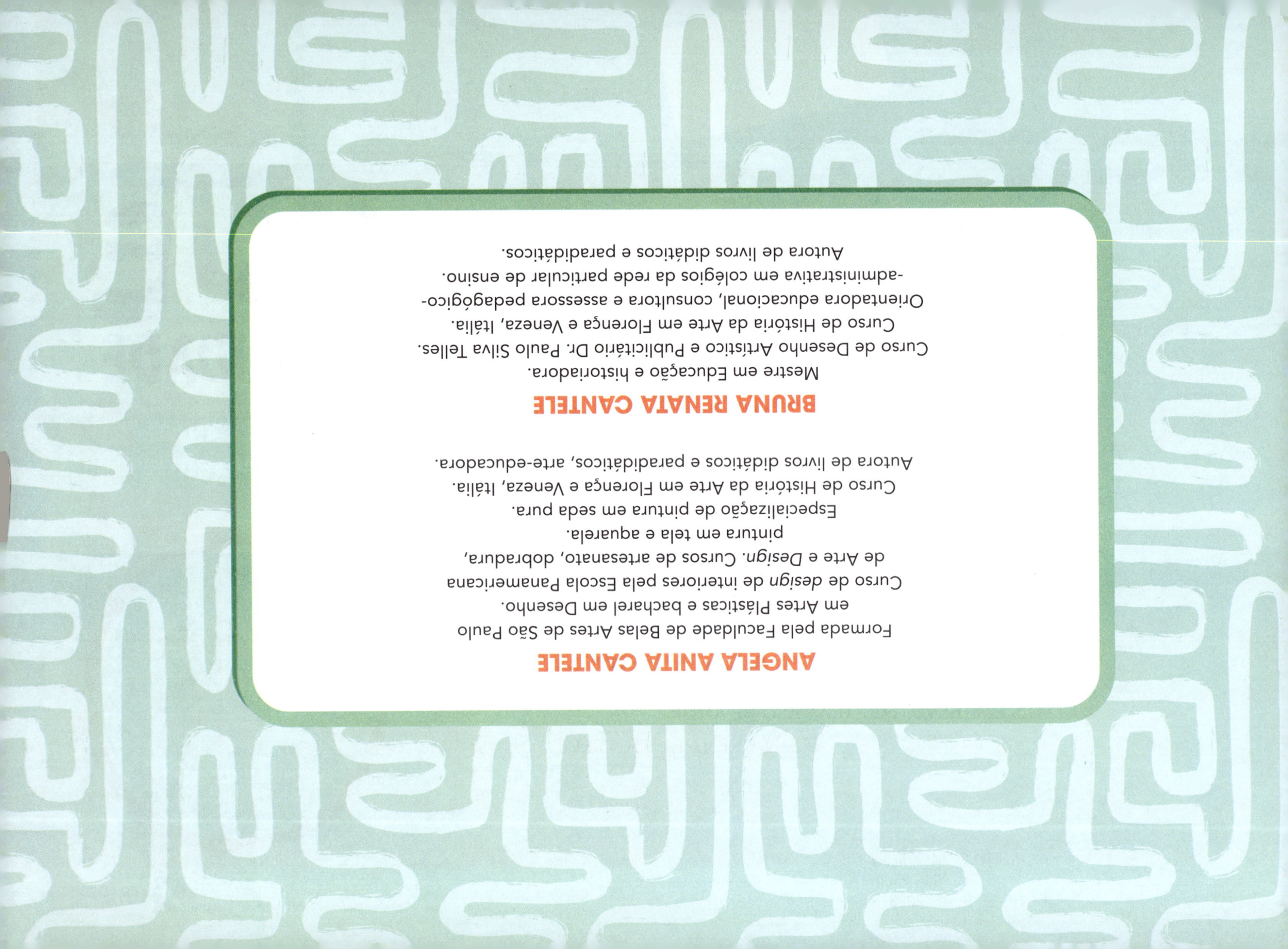

Coleção Arte e Habilidade
Arte – 1º ano
Ensino Fundamental
© IBEP, 2023

Diretor superintendente Jorge Yunes
Diretora editorial Célia de Assis
Editora Adriane Gozzo
Assistentes editoriais Isabella Mouzinho e Stephanie Paparella
Revisão Denise Santos, Yara Affonso e Erika Alonso
Secretaria editorial e Produção gráfica Elza Mizue Fujihara
Assistente de produção gráfica Marcelo Ribeiro
Projeto gráfico e capa Aline Benitez
Imagem de capa *Terraço em Sainte-Adresse*, de Claude Monet
Diagramação NPublic / Formato Comunicação

4ª edição – São Paulo – SP

Dados Internacionais de Catalogação na Publicação (CIP) de acordo com ISBD

C229a	Cantele, Angela Anita
	Arte e Habilidade / Angela Anita Cantele, Bruna Renata Cantele. - 4. ed. - São Paulo : IBEP - Instituto Brasileiro de Edições Pedagógicas, 2023. 208 p. : il. ; 20,5cm x 27,5cm. - (v.1)
	ISBN: 978-65-5696-462-1 (aluno) ISBN: 978-65-5696-463-8 (professor)
	1. Educação. 2. Ensino fundamental. 3. Livro didático. 4. Arte. 5. Habilidade. 6. Artes visuais. 7. Música. 8. Teatro. 9. Dança. I. Cantele, Bruna Renata. II. Título.
2023-849	CDD 372.07 CDU 372.4

Elaborado por Vagner Rodolfo da Silva - CRB-8/9410

Índice para catálogo sistemático:
1. Educação - Ensino fundamental: Livro didático 372.07
2. Educação - Ensino fundamental: Livro didático 372.4

Todos os direitos reservados.

abdr — ASSOCIAÇÃO BRASILEIRA DE DIREITOS REPROGRÁFICOS

IBEP

Rua Gomes de Carvalho, 1306 – 11º andar – Vila Olímpia
São Paulo – SP – 04547-005 – Brasil
Tel.: (11) 2799-7799
www.ibep-nacional.com.br

SUMÁRIO

FICHA

#	Categoria	Título	Página
1	OBSERVAÇÃO E IDENTIFICAÇÃO	As cores na arte visual	9
1-A	DESENHO E PINTURA	Cores primárias	10
2	OBSERVAÇÃO E PINTURA	As cores em obra de arte	11
3	RECORTE E COLAGEM	Noções corporais: reconhecimento das partes que compõem o todo – o corpo	12
4	DESENHO E PINTURA	Noções corporais: as mãos	14
5	PINTURA COM PLÁSTICO-BOLHA	Texturas: técnica de pintura com plástico-bolha	15
6	EXPRESSÃO MUSICAL	Distinguindo e imitando sons	16
7	EXPRESSÃO MUSICAL, DESENHO E PINTURA	Reconhecendo os diferentes sons	17
8	OBSERVAÇÃO	Conhecendo linhas	18
9	DESENHO E PINTURA	Aplicando linhas	19
10	OBSERVAÇÃO E DESENHO	Figuras e formas	20
11	RECORTE, COLAGEM E DESENHO	Trabalhando com linhas e figuras	22
12	IDENTIFICAÇÃO	Teatro: personagens	24
12-A	EXPRESSÃO CORPORAL, DESENHO E PINTURA	Teatro: criando personagens	25
13	RECORTE, MONTAGEM E EXPRESSÃO CORPORAL	Teatro de fantoches	26
14	OBSERVAÇÃO E IDENTIFICAÇÃO	A cor azul	27
15	DOBRADURA E PINTURA	Dobradura e pintura com a cor azul	28
16	EXPRESSÃO MUSICAL	Conhecendo instrumentos musicais	30
17	CONFECÇÃO DE INSTRUMENTO MUSICAL	Construindo um instrumento musical: chocalho	31
18	OBSERVAÇÃO E COLAGEM	Patrimônio cultural e histórico: museus	33
19	RECORTE E COLAGEM	Figura geométrica: o quadrado	35
20	PINTURA	Pintura com tinta guache	37
21	EXPRESSÃO MUSICAL E CORPORAL E PINTURA	Arte e cultura africanas	38
22	OBSERVAÇÃO E PINTURA	Figura geométrica: o triângulo	39
23	OBSERVAÇÃO, IDENTIFICAÇÃO E PINTURA	Conhecendo a cor vermelha	40
24	PINTURA	Trabalhando com a cor vermelha	41
25	EXPRESSÃO MUSICAL E PINTURA	Viajando através da emoção	42
26	OBSERVAÇÃO EM OBRA DE ARTE	Teatro: o corpo em diferentes posições	43

SUMÁRIO

FICHA

Ficha	Tipo	Título	Página
27	COLAGEM E PINTURA	Textura em obras de arte	44
28	OBSERVAÇÃO E IDENTIFICAÇÃO	A cor amarela	45
29	RECORTE E DOBRADURA	Trabalhando com a cor amarela	46
30	OBSERVAÇÃO E PINTURA	Figura geométrica: o retângulo	48
31	EXPRESSÃO MUSICAL E CORPORAL	Cantigas para cantar e dançar em roda	49
32	EXPRESSÃO MUSICAL E CORPORAL	Frevo, dança popular de Pernambuco	50
33	RECORTE, COLAGEM E DESENHO	Figura geométrica: o círculo	51
34	OBSERVAÇÃO EM OBRA DE ARTE	A arte de Tarsila do Amaral	53
35	DESENHO E PINTURA	Fazendo arte com Tarsila do Amaral	54
36	OBSERVAÇÃO E IDENTIFICAÇÃO	As cores secundárias	56
37	OBSERVAÇÃO E IDENTIFICAÇÃO	A cor verde	57
38	DOBRADURA	Trabalhando com a cor verde	58
39	EXPRESSÃO MUSICAL E CORPORAL	Usando o corpo como instrumento musical	59
40	EXPRESSÃO MUSICAL E PINTURA	Os instrumentos e seus sons	60
41	OBSERVAÇÃO E IDENTIFICAÇÃO	A cor laranja	62
42	PINTURA COM ROLHA	Trabalhando com a cor laranja	63
43	EXPRESSÃO CORPORAL E RECORTE	Teatro: conhecendo e interpretando personagens	64
44	EXPRESSÃO CORPORAL, DESENHO E PINTURA	Teatro: interpretando personagens	65
45	MONTAGEM	Arte e cultura indígenas	66
46	OBSERVAÇÃO E IDENTIFICAÇÃO	A cor roxa	67
47	PINTURA	Trabalhando com a cor roxa	68
48	OBSERVAÇÃO EM OBRA DE ARTE	A arte de Vincent van Gogh	69
49	PINTURA E MONTAGEM	Fazendo arte com Vincent van Gogh	70
49-A	PINTURA	Fazendo arte com Vincent van Gogh	71
50	MODELAGEM	Trabalhando com massa de modelar	72

DATAS COMEMORATIVAS

Carnaval	81
Páscoa	82
Dia dos Povos Indígenas	83
Dia das Mães	85
Festas Juninas	86
Dia dos Pais	87
Folclore	89
Primavera	90
Dia das Crianças	91
Natal	93
Adesivos	95

OLÁ!

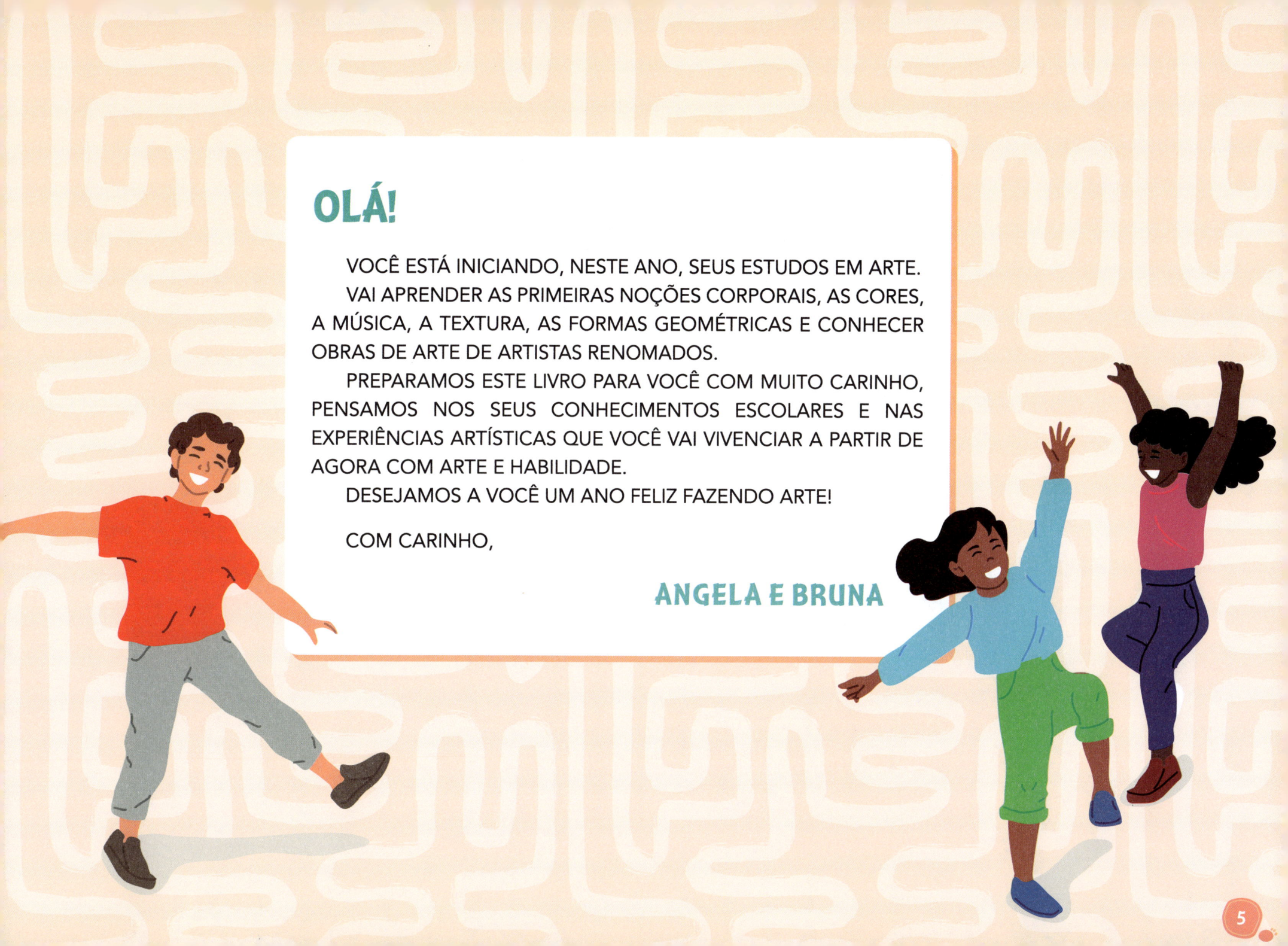

VOCÊ ESTÁ INICIANDO, NESTE ANO, SEUS ESTUDOS EM ARTE.

VAI APRENDER AS PRIMEIRAS NOÇÕES CORPORAIS, AS CORES, A MÚSICA, A TEXTURA, AS FORMAS GEOMÉTRICAS E CONHECER OBRAS DE ARTE DE ARTISTAS RENOMADOS.

PREPARAMOS ESTE LIVRO PARA VOCÊ COM MUITO CARINHO, PENSAMOS NOS SEUS CONHECIMENTOS ESCOLARES E NAS EXPERIÊNCIAS ARTÍSTICAS QUE VOCÊ VAI VIVENCIAR A PARTIR DE AGORA COM ARTE E HABILIDADE.

DESEJAMOS A VOCÊ UM ANO FELIZ FAZENDO ARTE!

COM CARINHO,

ANGELA E BRUNA

USO DO MATERIAL

PARA DESENHAR OU FAZER ARTE, UTILIZAMOS PAPÉIS DIVERSOS, LÁPIS GRAFITE, LÁPIS DE COR E AQUARELÁVEL, BORRACHA, RÉGUA, APONTADOR, TESOURA E COLA, GIZ DE CERA, PINCEL, TINTAS GUACHE, PLÁSTICA E ACRÍLICA, COLA *GLITTER*, ARGILA, CANETA HIDROCOR E VÁRIOS OUTROS MATERIAIS.

CUIDE BEM DE SEU MATERIAL, MANTENDO-O LIMPO E ORGANIZADO.

TROQUE IDEIAS COM OS COLEGAS E OBSERVE COM ATENÇÃO O TRABALHO DELES – VOCÊ ESTARÁ DESENVOLVENDO SEU LADO ARTÍSTICO!

MATERIAIS

MASSA DE MODELAR
ARGILA, CERÂMICA FRIA ETC.

LINHA
BARBANTE, LÃ ETC.

BORRACHA

CANETA HIDROCOR

COPO COM ÁGUA

COLA EM BASTÃO

COLA *GLITTER*

COLA LÍQUIDA

FITA ADESIVA

GIZ DE CERA

LÁPIS DE COR

LÁPIS DE COR AQUARELÁVEL

LÁPIS GRAFITE

MATERIAIS DIVERSOS

PANO
TECIDOS DIVERSOS, ESTOPA ETC.

PAPÉIS
CREPOM, CANSON, REVISTAS, JORNAIS ETC.

PINCEL

RÉGUA

TESOURA
COM PONTAS ARREDONDADAS

TINTAS
GUACHE, ACRÍLICA, PARA PINTURA A DEDO ETC.

ARTE E HABILIDADE

ARTE É MAIS QUE DESENHAR E PINTAR.
A ESCULTURA, A MÚSICA, O TEATRO E A ARQUITETURA TAMBÉM SÃO FORMAS DE ARTE.

FICHA 1 — AS CORES NA ARTE VISUAL

OBSERVAÇÃO E IDENTIFICAÇÃO

AS CORES FAZEM PARTE DA NOSSA VIDA. IMAGINE UM MUNDO SEM CORES. SERIA BEM DIFERENTE, NÃO?
AS CORES TÊM TONS DIFERENTES.
OBSERVE O CÍRCULO DE CORES.
QUAIS DESSAS CORES VOCÊ CONHECE?

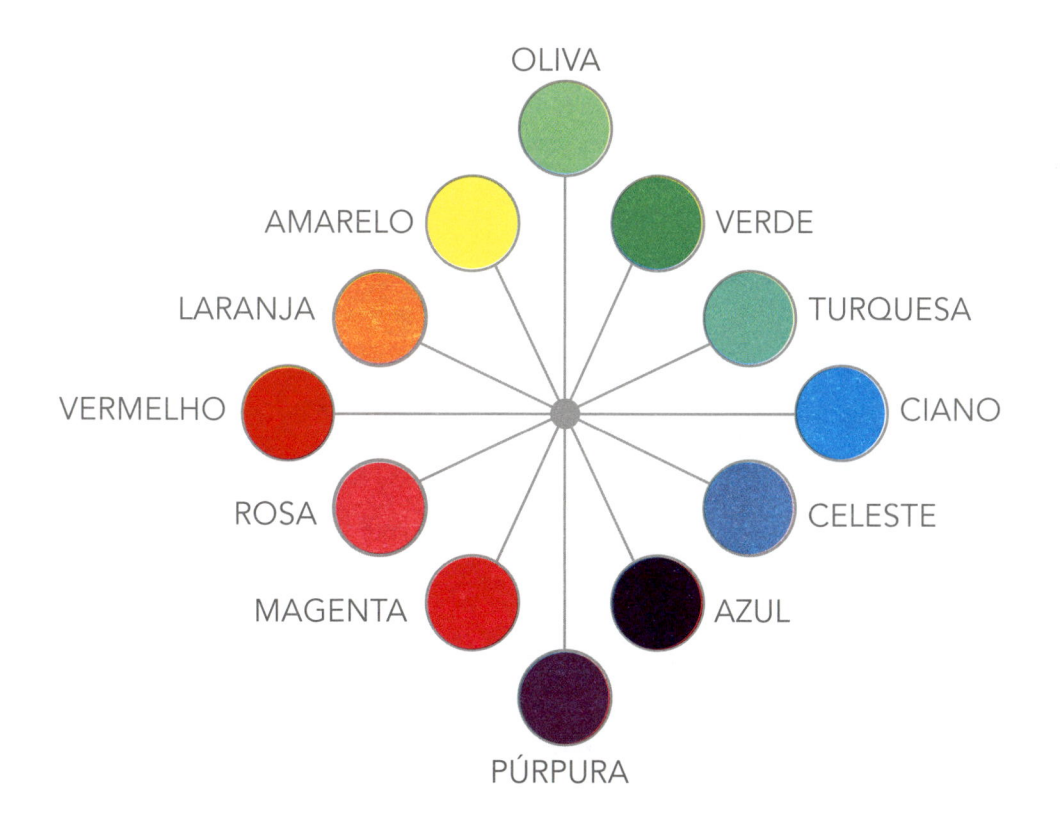

- OLIVA
- AMARELO
- VERDE
- LARANJA
- TURQUESA
- VERMELHO
- CIANO
- ROSA
- CELESTE
- MAGENTA
- AZUL
- PÚRPURA

FICHA 1-A

CORES PRIMÁRIAS

DESENHO E PINTURA

FIR4IK/SHUTTERSTOCK

CORES PRIMÁRIAS 10

FICHA 2

IDENTIFICANDO CORES E CONHECENDO OBRA DE ARTE

OBSERVAÇÃO E PINTURA

TERRAÇO EM SAINTE-ADRESSE (1867), DE CLAUDE MONET.
ÓLEO SOBRE TELA, 98 CM × 130 CM.

FICHA 3 — PARTE 1

NOÇÕES CORPORAIS: RECONHECIMENTO DAS PARTES QUE COMPÕEM O TODO – O CORPO

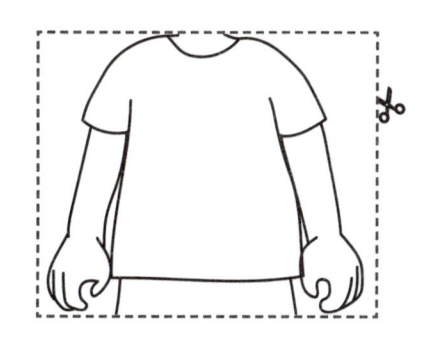

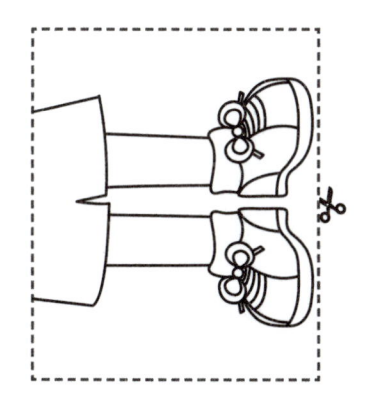

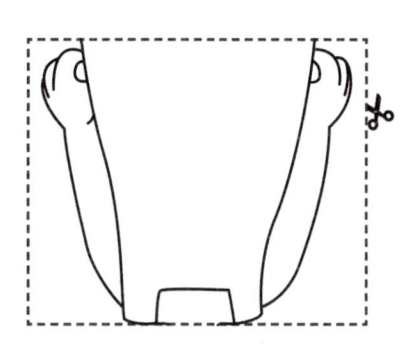

RECORTE E COLAGEM

NOME: _____

FICHA 3 - PARTE 2

NOÇÕES CORPORAIS: RECONHECIMENTO DAS PARTES QUE COMPÕEM O TODO – O CORPO

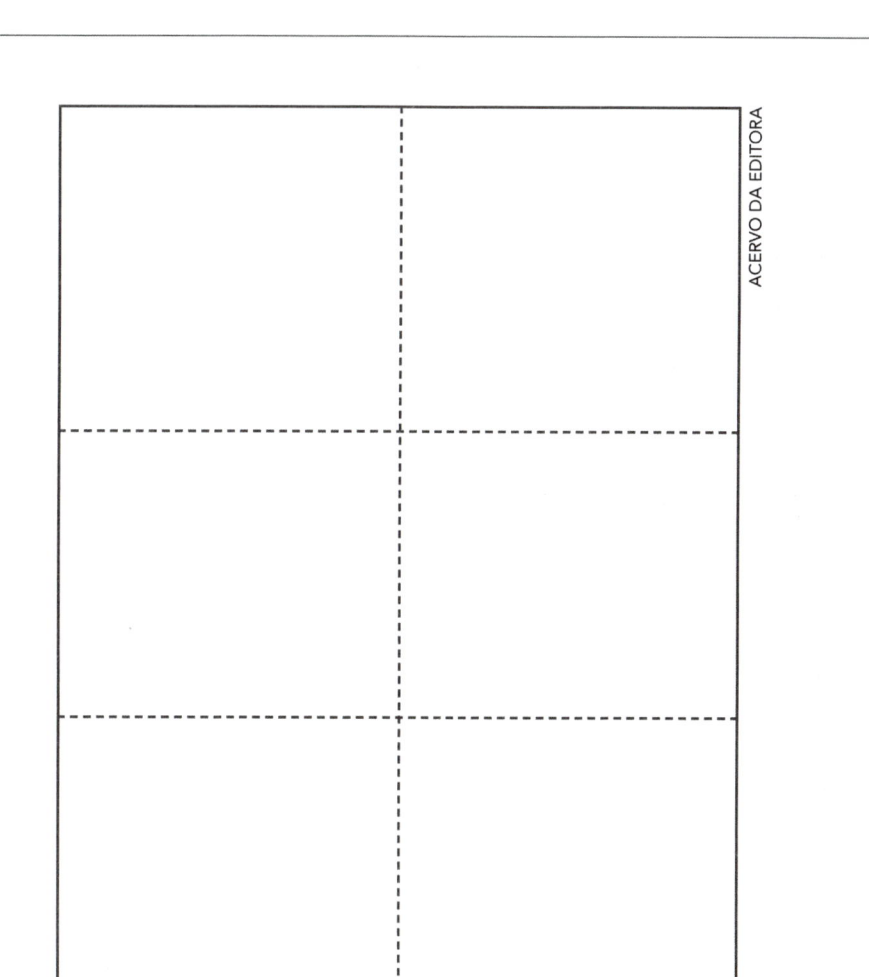

RECORTE E COLAGEM

ACERVO DA EDITORA

NOME: _____

FICHA 4

NOÇÕES CORPORAIS: AS MÃOS

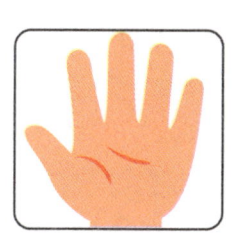

DESENHO E PINTURA

NOME: _____

FICHA 5 — PARTE 1

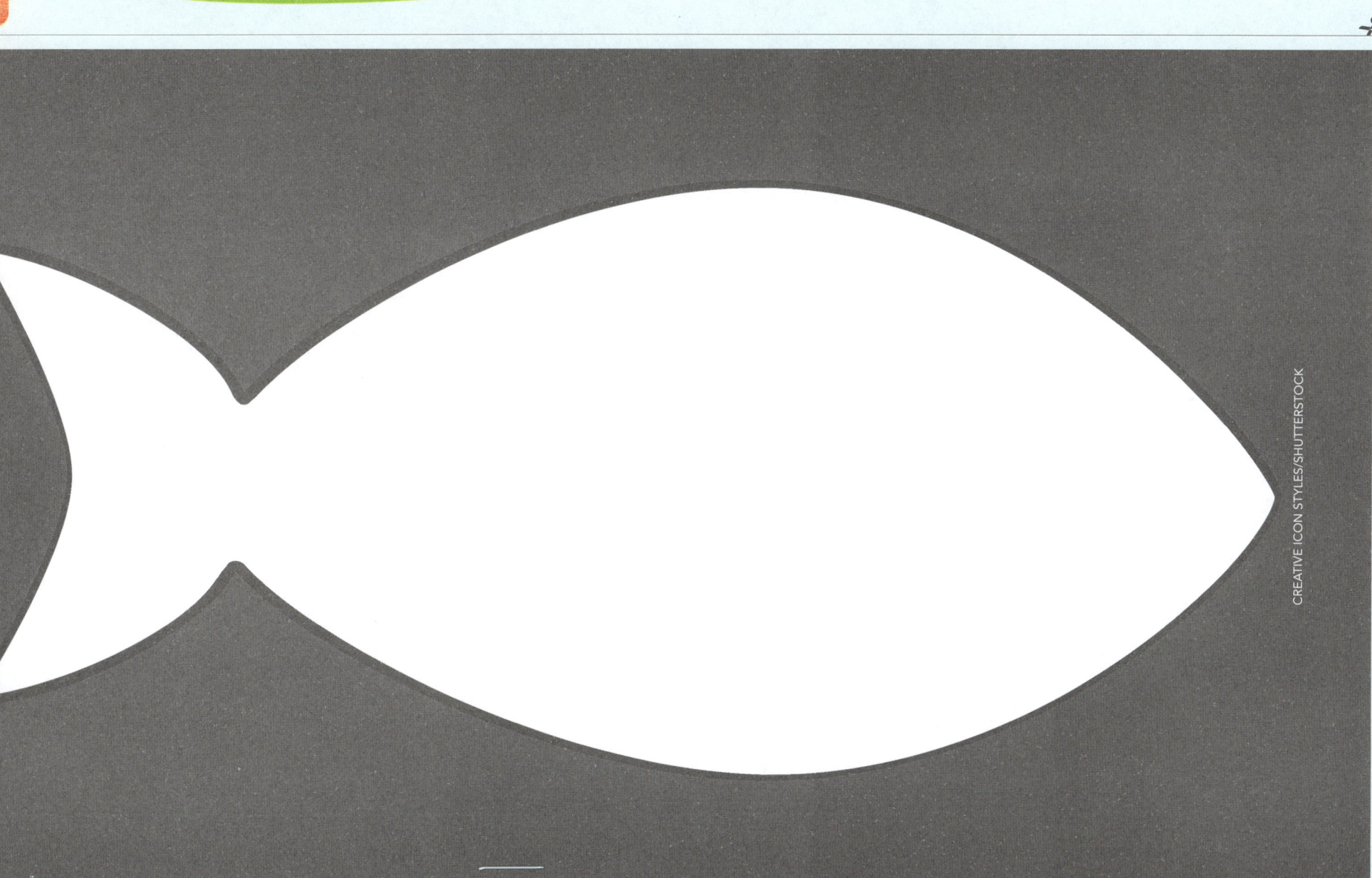

TEXTURAS: TÉCNICA DE PINTURA COM PLÁSTICO-BOLHA

PINTURA COM PLÁSTICO-BOLHA

CREATIVE ICON STYLES/SHUTTERSTOCK

TEXTURAS: TÉCNICA DE PINTURA COM PLÁSTICO-BOLHA

FICHA 6

DISTINGUINDO E IMITANDO SONS

EXPRESSÃO MUSICAL

OBSERVE AS IMAGENS A SEGUIR. DEPOIS, CIRCULE DE AZUL AQUELAS QUE APRESENTAM SONS QUE VOCÊ GOSTA DE OUVIR E DE VERMELHO AS QUE APRESENTAM SONS QUE VOCÊ NÃO APRECIA TANTO.

FICHA 7 — RECONHECENDO OS DIFERENTES SONS

EXPRESSÃO MUSICAL, DESENHO E PINTURA

NOME: _____

FICHA 8 — CONHECENDO LINHAS

OBSERVAÇÃO

RETAS

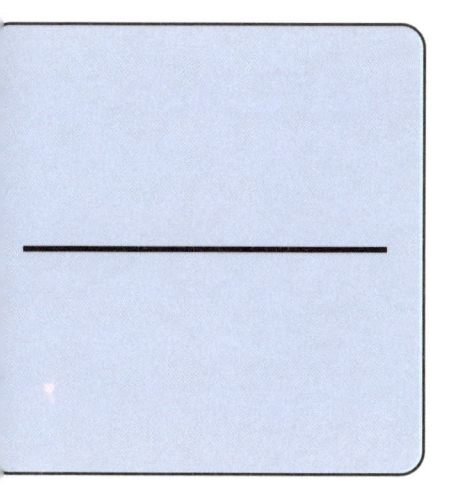

RETA HORIZONTAL

RETA VERTICAL

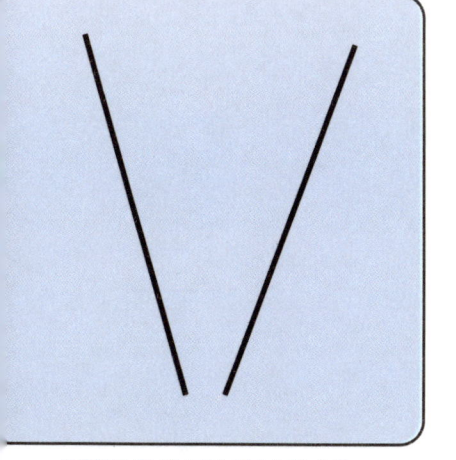

RETAS INCLINADAS

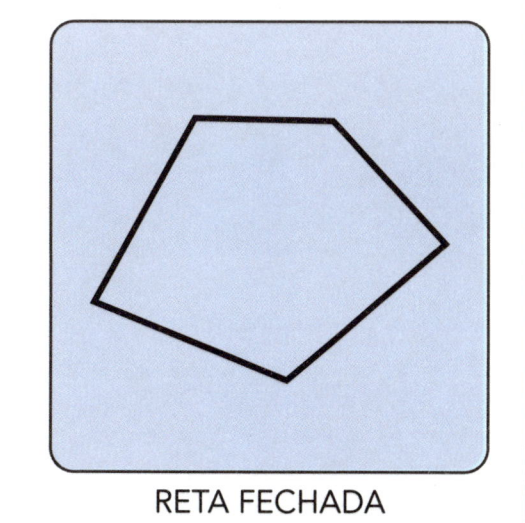

RETA FECHADA

CURVAS

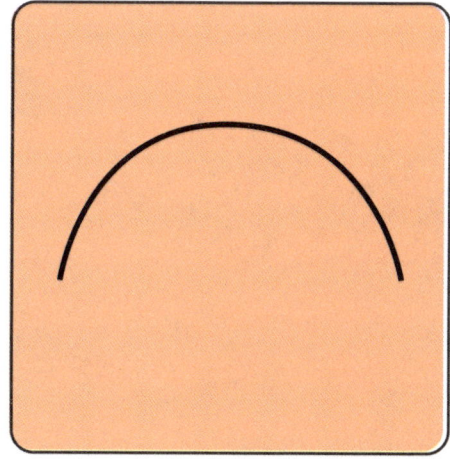

LINHA CURVA ABERTA

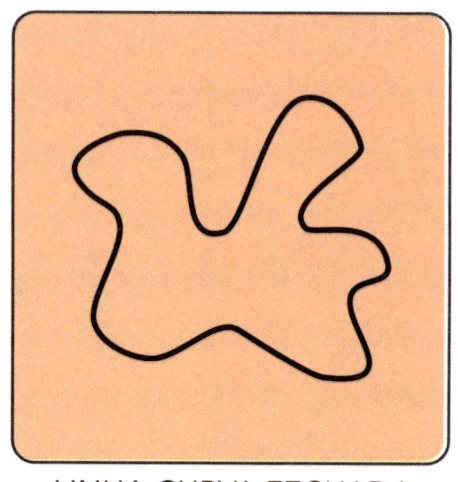

LINHA CURVA FECHADA

FICHA 9
APLICANDO LINHAS

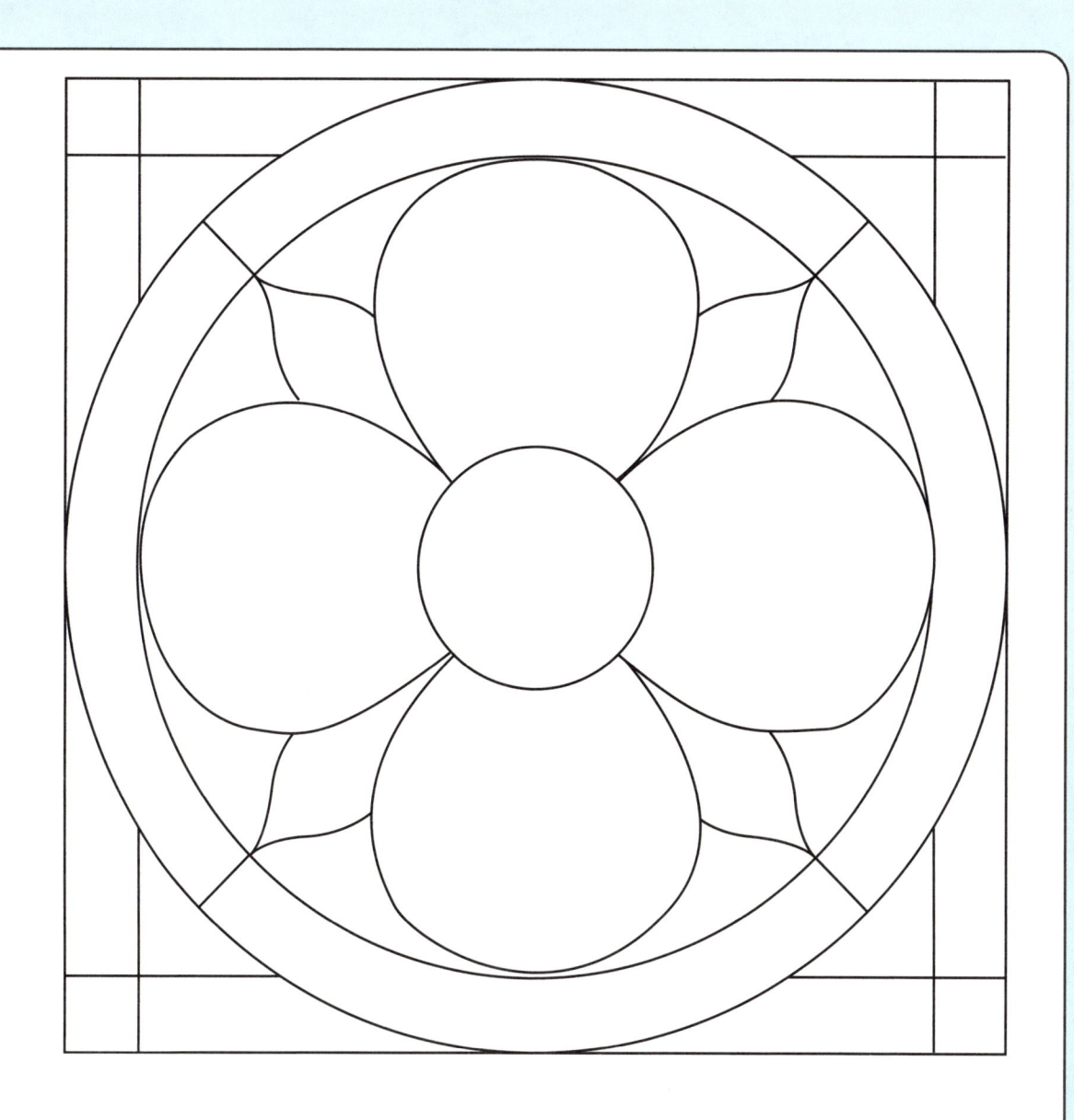

DESENHO E PINTURA

ACERVO DAS AUTORAS

NOME: _____

APLICANDO LINHAS 19

FICHA 10 PARTE 1 — FIGURAS E FORMAS

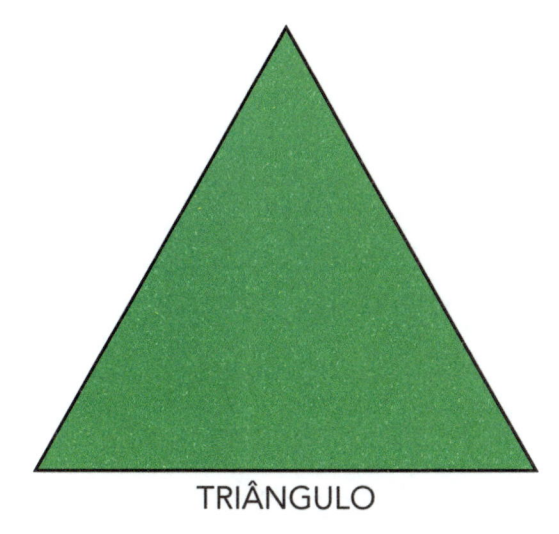

OBSERVAÇÃO E DESENHO

QUADRADO

RETÂNGULO

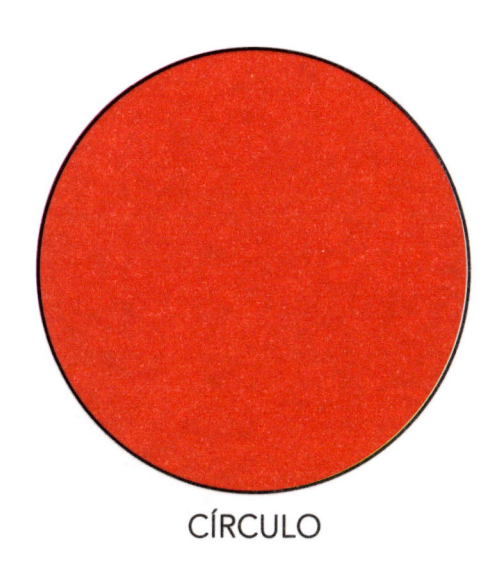

TRIÂNGULO

CÍRCULO

FIGURAS E FORMAS

FICHA 10 — PARTE 2

OBSERVAÇÃO E DESENHO

LINHA TRANSVERSAL (1923), DE WASSILY KANDINSKY. ÓLEO SOBRE TELA, 141 CM × 202 CM.

KUNSTSAMMLUNG NORDRHEIN-WESTFALEN, DÜSSELDORF, ALEMANHA

FICHA 11 PARTE 1 — TRABALHANDO COM LINHAS E FIGURAS

RECORTE

FICHA 11 — PARTE 2
TRABALHANDO COM LINHAS E FIGURAS

COLAGEM E DESENHO

FICHA 12 — TEATRO: PERSONAGENS

IDENTIFICAÇÃO

O TEATRO É UMA FORMA DE FAZER ARTE, EM QUE OS ATORES REPRESENTAM UMA HISTÓRIA A UMA PLATEIA.
PARA FAZER TEATRO, USAM-SE O CORPO E A FALA COMO RECURSO.
OS ATORES TORNAM-SE PERSONAGENS PARA PODEREM REPRESENTAR A HISTÓRIA.
QUE PERSONAGENS VOCÊ VÊ AQUI?

FICHA 12-A

TEATRO: CRIANDO PERSONAGENS

EXPRESSÃO CORPORAL, DESENHO E PINTURA

NOME: _____

FICHA 13 — TEATRO DE FANTOCHES

RECORTE, MONTAGEM E EXPRESSÃO CORPORAL

ACERVO DAS AUTORAS

TEATRO DE FANTOCHES

FICHA 14 — A COR AZUL

OBSERVAÇÃO E IDENTIFICAÇÃO

A COR AZUL ESTÁ PRESENTE NA NATUREZA COM UMA VARIAÇÃO DE TONS, ÀS VEZES MAIS CLAROS, ÀS VEZES MAIS ESCUROS.
O PINTOR FRANCÊS RENOIR USOU O AZUL PARA PINTAR A OBRA *AS DUAS IRMÃS*.

PIERRE-AUGUSTE RENOIR

NASCEU EM 1841 E MORREU EM 1919, NA FRANÇA.
FOI UM PINTOR FAMOSO POR VALORIZAR A BELEZA FEMININA.

AS DUAS IRMÃS (1881), DE PIERRE-AUGUSTE RENOIR. ÓLEO SOBRE TELA, 100,5 CM × 81 CM.

FICHA 15 — PARTE 1

DOBRADURA E PINTURA COM A COR AZUL

A BALEIA-AZUL É UM ANIMAL MARINHO QUE PODE MEDIR ATÉ 30 METROS DE COMPRIMENTO E PESAR 180 TONELADAS! É O MAIOR DOS MAMÍFEROS.
ELA VIVE ENTRE 80 E 90 ANOS, SUA GESTAÇÃO É DE 10 A 12 MESES, E É UM DOS ANIMAIS QUE ESTÁ EM PERIGO DE EXTINÇÃO.

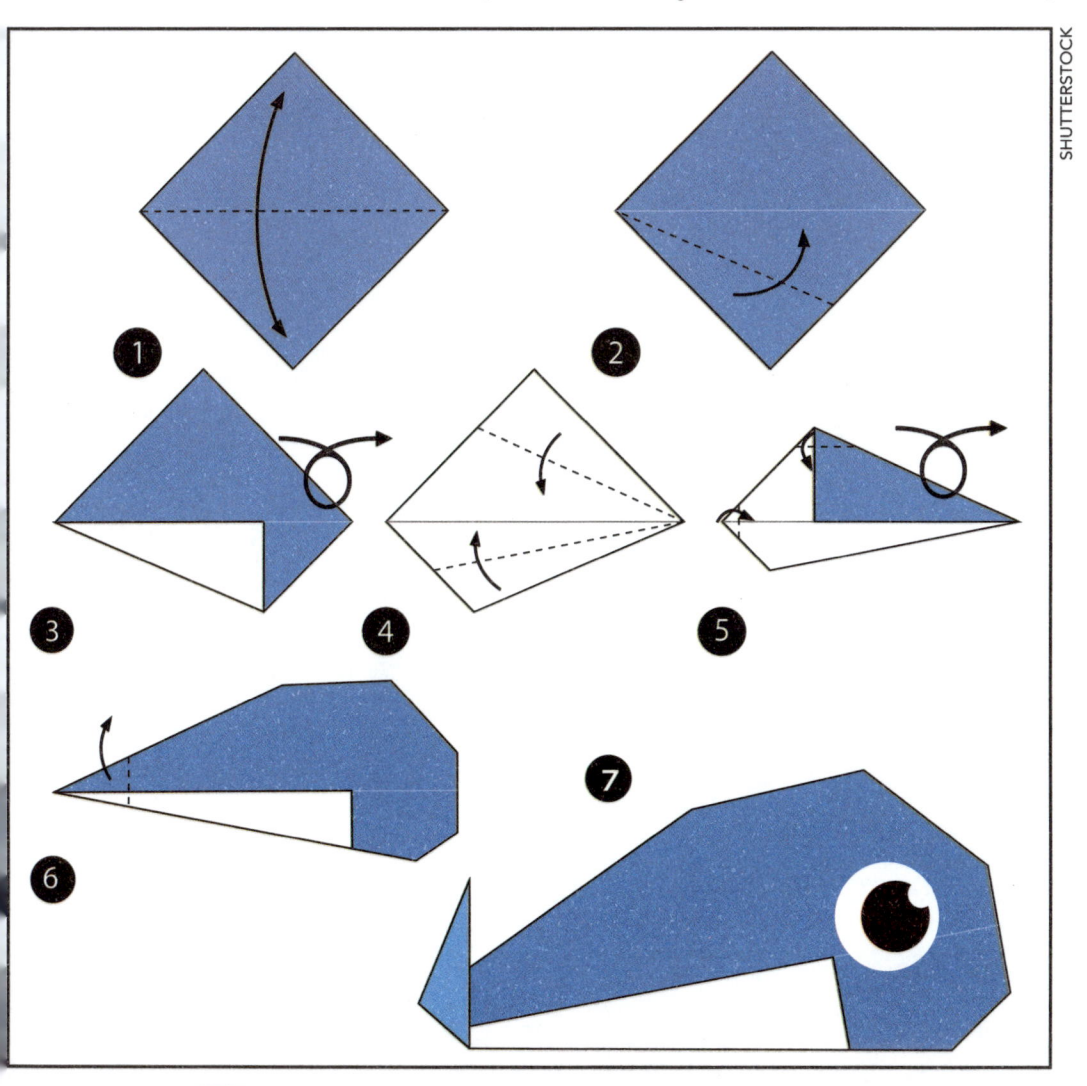

DOBRADURA E PINTURA COM A COR AZUL

FICHA 15 PARTE 2

DOBRADURA E PINTURA COM A COR AZUL

NOME: _____

FICHA 16 — CONHECENDO INSTRUMENTOS MUSICAIS

EXPRESSÃO MUSICAL

PANDEIRO.

VIOLÃO.

CHOCALHO.

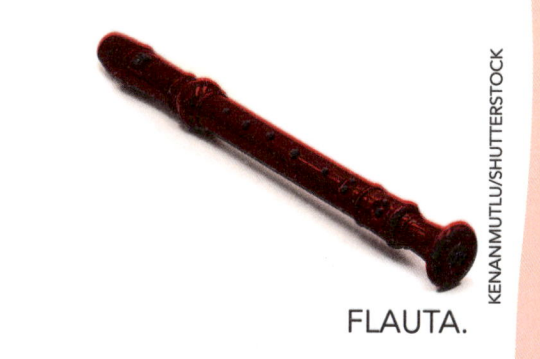

FLAUTA.

SAXOFONE.

BATERIA.

PIANO.

BERIMBAU.

FICHA 17 — PARTE 1
CONSTRUINDO UM INSTRUMENTO MUSICAL: CHOCALHO

CONFECÇÃO DE INSTRUMENTO MUSICAL

1 
2 
3 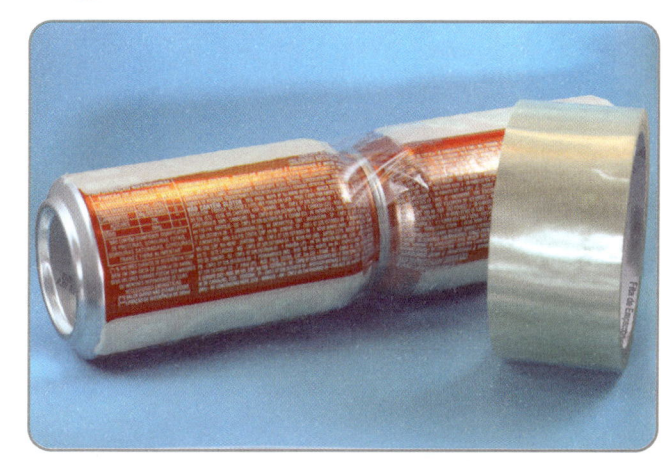
4 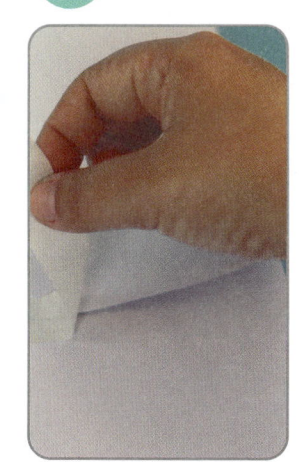
5 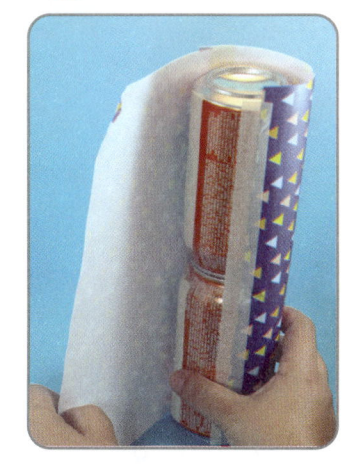
6 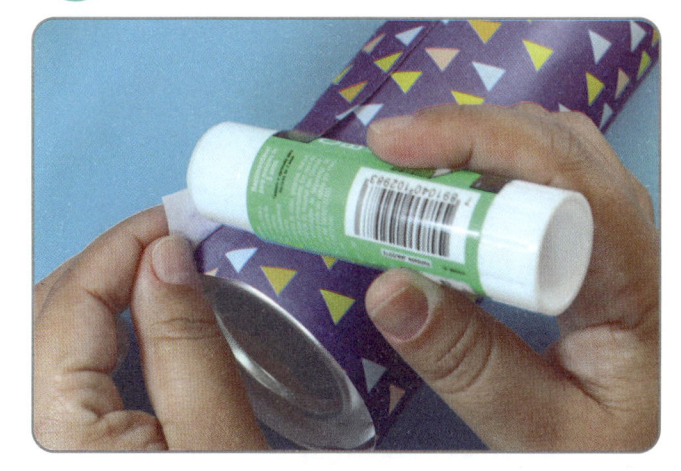
7 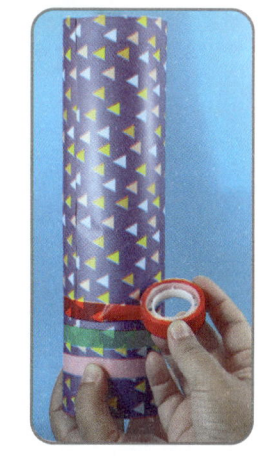
8

ARQUIVO DA EDITORA

CHOCALHO FEITO COM SUCATA.

CONSTRUINDO UM INSTRUMENTO MUSICAL: CHOCALHO

FICHA 17 PARTE 2

CONSTRUINDO UM INSTRUMENTO MUSICAL: CHOCALHO

CONFECÇÃO DE INSTRUMENTO MUSICAL

ACERVO DA EDITORA

CONSTRUINDO UM INSTRUMENTO MUSICAL: CHOCALHO

FICHA 18 — PARTE 1

PATRIMÔNIO CULTURAL E HISTÓRICO: MUSEUS

OBSERVAÇÃO

O MUSEU É UMA INSTITUIÇÃO QUE ABRIGA OBJETOS DE ARTE, CULTURA, HISTÓRIA E CIÊNCIAS, DISPONIBILIZADOS AO PÚBLICO POR MEIO DE EXPOSIÇÕES PERMANENTES OU TEMPORÁRIAS. NO MUNDO TODO HÁ MUSEUS COM OBJETIVOS VARIADOS, ONDE PESQUISADORES E ESPECIALISTAS TRABALHAM PARA MANTER O PATRIMÔNIO LOCAL. HÁ MUSEUS DE ARTE, DE HISTÓRIA NATURAL, DE CIÊNCIAS, DE GUERRA, DE PESCA, ENTRE OUTROS.

MUSEU DE ARTE DE SÃO PAULO, SÃO PAULO.

MUSEU METROPOLITANO DE ARTE, NOVA YORK.

MUSEU DO PRADO, ESPANHA.

MUSEU DO LOUVRE, PARIS.

FICHA 18 — PARTE 2
PATRIMÔNIO CULTURAL E HISTÓRICO: MUSEUS

COLAGEM

1. QUAL É O NOME DO MUSEU QUE VOCÊ VISITOU E ONDE ELE ESTÁ LOCALIZADO?

   _____
   _____

2. QUAL(IS) ARTISTA(S) TEM(TÊM) OBRAS NESSE MUSEU?

   _____
   _____

3. DE QUAL OBRA VOCÊ MAIS GOSTOU?

   _____
   _____
   _____

4. QUAL É O NOME DO ARTISTA, O TAMANHO DA OBRA, A TÉCNICA UTILIZADA E EM QUE ANO ELA FOI FEITA?

   _____
   _____
   _____

5. COLE AO LADO UMA FOTO DA OBRA DE QUE VOCÊ MAIS GOSTOU.

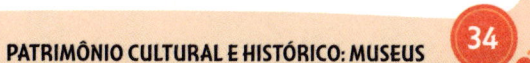

FICHA 19 PARTE 1

FIGURA GEOMÉTRICA: O QUADRADO

RECORTE

NOME: _____

FIGURA GEOMÉTRICA: O QUADRADO 35

FICHA 19 PARTE 2

FIGURA GEOMÉTRICA: O QUADRADO

COLAGEM

FICHA 20 — PINTURA COM TINTA GUACHE

PINTURA

REALIZE A ATIVIDADE NA FICHA CORRESPONDENTE, NO **MATERIAL COMPLEMENTAR**. OBSERVE OS MODELOS A SEGUIR.

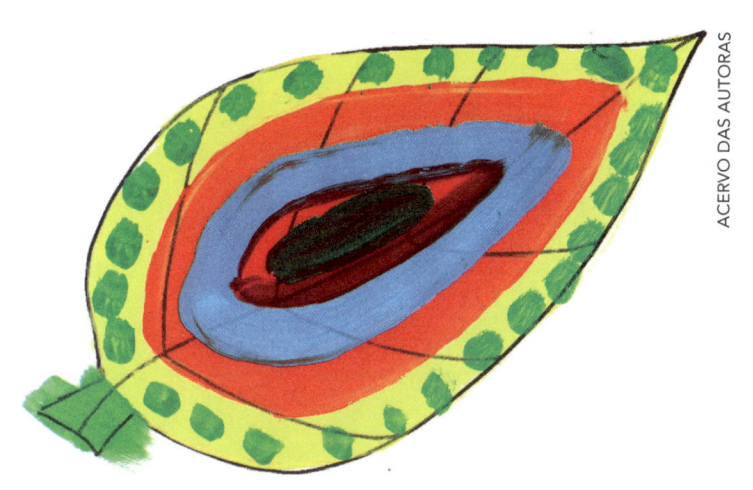

ACERVO DAS AUTORAS

FICHA 21 — ARTE E CULTURA AFRICANAS

EXPRESSÃO MUSICAL E CORPORAL E PINTURA

KOKOLEOKO

KOKOLEOKO, MAMA, KOKOLEOKO.
KOKOLEOKO, MAMA, KOLEOKO.
(2X)

ABE, MAMA, ABE
ABE, MAMA, KOLEOKO.
(2X)

TRADUÇÃO

O GALO CANTA, MAMÃE,
O GALO CANTA.
(2X)

DEVEMOS LEVANTAR, MAMÃE.
MAMÃE, O GALO CANTA.
(2X)

CULTURA AFRICANA.

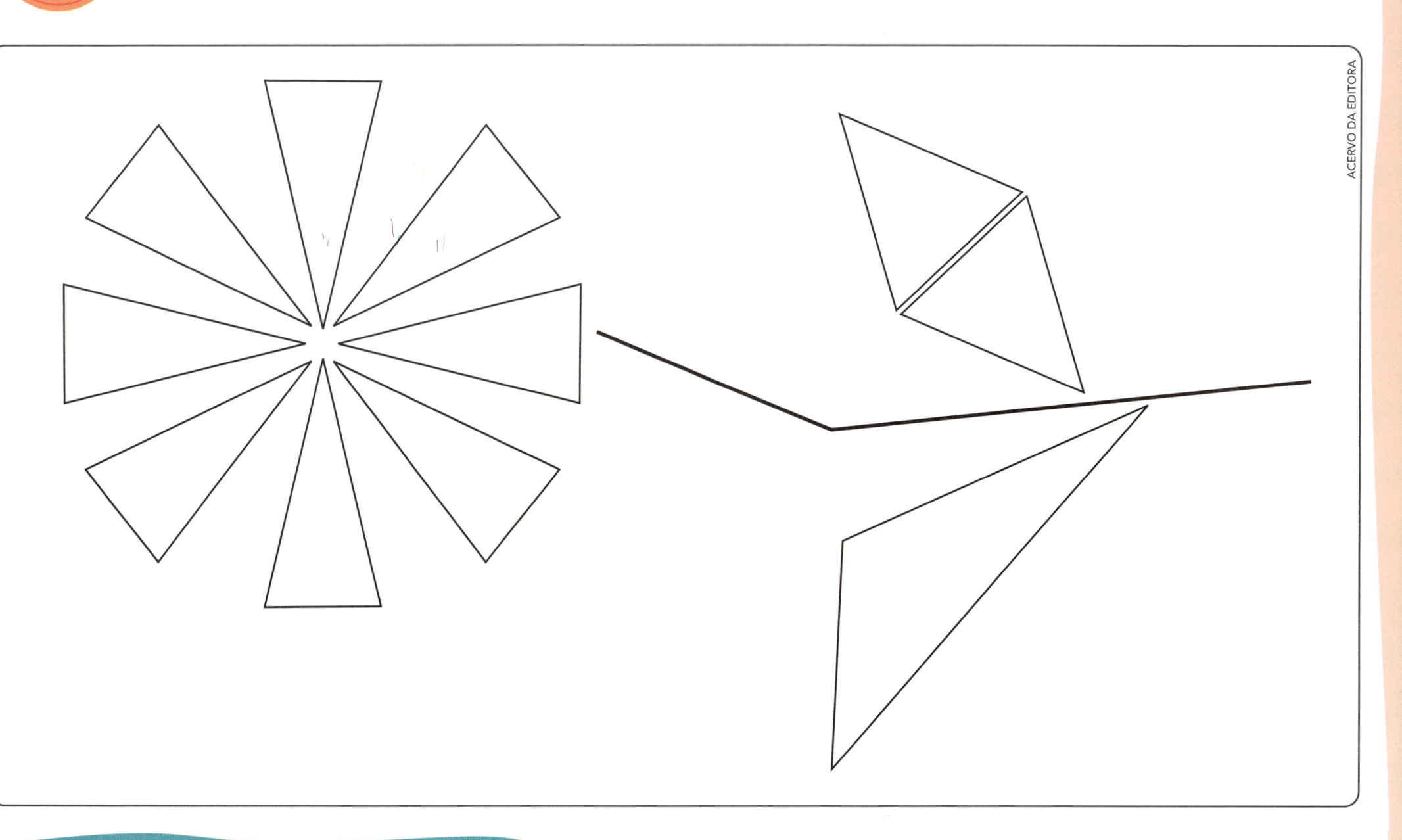

FICHA 22 — FIGURA GEOMÉTRICA: O TRIÂNGULO

OBSERVAÇÃO E PINTURA

FICHA 23 — CONHECENDO A COR VERMELHA

OBSERVAÇÃO, IDENTIFICAÇÃO E PINTURA

A COR VERMELHA ESTÁ PRESENTE NA NATUREZA, POR EXEMPLO, NAS FLORES, NOS PÁSSAROS, NAS PEDRAS PRECIOSAS E EM OBRAS DE ARTE.

O PINTOR FRANCÊS HENRI MATISSE USOU ESSA COR PARA PINTAR SUA OBRA *HARMONIA EM VERMELHO*, EM 1908.

HARMONIA EM VERMELHO (1908), DE HENRI MATISSE. ÓLEO SOBRE TELA, 180 CM × 220 CM.

FICHA 24

TRABALHANDO COM A COR VERMELHA: TÉCNICA COM TINTA GUACHE

PINTURA

REALIZE A ATIVIDADE NA FICHA CORRESPONDENTE, NO **MATERIAL COMPLEMENTAR**. OBSERVE O PASSO A PASSO A SEGUIR.

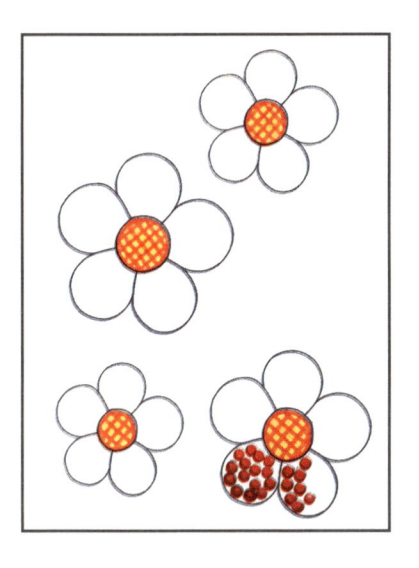

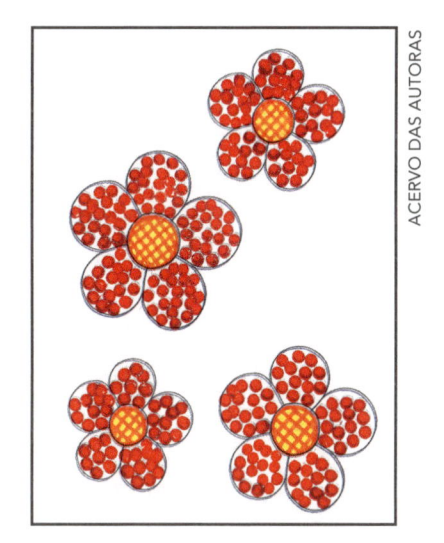

TRABALHANDO COM A COR VERMELHA: TÉCNICA COM TINTA GUACHE

FICHA 25
VIAJANDO ATRAVÉS DA EMOÇÃO

EXPRESSÃO MUSICAL E PINTURA

FICHA 26 — TEATRO: O CORPO EM DIFERENTES POSIÇÕES

UMA TARDE DE DOMINGO NA ILHA DE GRANDE JATTE (1884-1886), DE GEORGES SEURAT. ÓLEO SOBRE TELA, 208 CM × 308 CM.

FICHA 27 — PARTE 1

TEXTURA EM OBRAS DE ARTE

OBSERVAÇÃO

ABSTRATO 2 (2008), DE ANGELA ANITA CANTELE. MASSA ACRÍLICA, AREIA, GIZ DE CERA E TINTA ACRÍLICA SOBRE TELA, 60 CM × 50 CM.

ACERVO PESSOAL DE ANGELA CANTELE

SO CHIC, DE VIRGINIA BENEDICTO. ACRÍLICO SOBRE TELA, 100 CM × 120 CM.

VIRGINIA BENEDICTO

FICHA 28 — A COR AMARELA

OBSERVAÇÃO E IDENTIFICAÇÃO

A COR AMARELA ESTÁ PRESENTE NA NATUREZA.
VEJA O GIRASSOL, QUE INSPIROU O PINTOR VINCENT VAN GOGH A PINTAR A OBRA *TRÊS GIRASSÓIS EM UM VASO*.

TRÊS GIRASSÓIS EM UM VASO (1888), DE VINCENT VAN GOGH. ÓLEO SOBRE TELA, 73 CM × 58 CM.

FICHA 29 PARTE 1
TRABALHANDO COM A COR AMARELA: DOBRADURA

RECORTE E DOBRADURA

PEIXE VIVO

COMO PODE UM PEIXE VIVO
VIVER FORA DA ÁGUA FRIA?
COMO PODE UM PEIXE VIVO
VIVER FORA DA ÁGUA FRIA?
COMO PODEREI VIVER?

COMO PODEREI VIVER?
SEM A TUA, SEM A TUA,
SEM A TUA COMPANHIA?
SEM A TUA, SEM A TUA,
SEM A TUA COMPANHIA?

PEIXE VIVO. DISPONÍVEL EM: HTTPS://WWW.LETRAS.MUS.BR/CANTIGAS-POPULARES/984001/. ACESSO EM: 23 MAR. 2023.

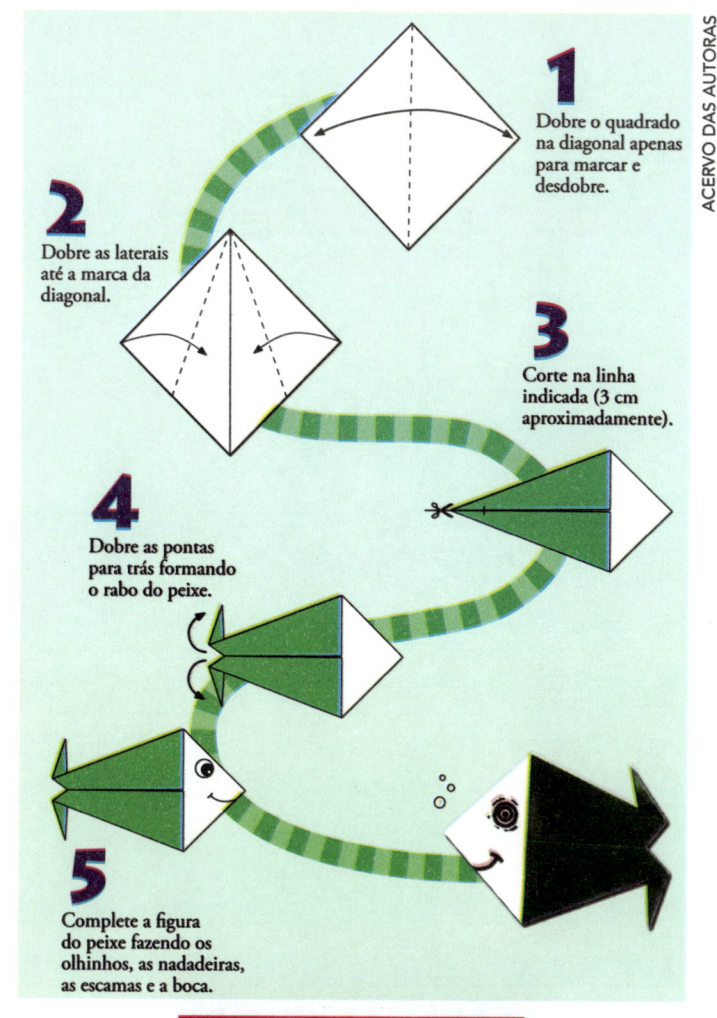

1 Dobre o quadrado na diagonal apenas para marcar e desdobre.

2 Dobre as laterais até a marca da diagonal.

3 Corte na linha indicada (3 cm aproximadamente).

4 Dobre as pontas para trás formando o rabo do peixe.

5 Complete a figura do peixe fazendo os olhinhos, as nadadeiras, as escamas e a boca.

ACERVO DAS AUTORAS

TRABALHANDO COM A COR AMARELA: DOBRADURA

FICHA 29 — PARTE 2

TRABALHANDO COM A COR AMARELA: DOBRADURA

RECORTE E DOBRADURA

FICHA 30 — FIGURA GEOMÉTRICA: O RETÂNGULO

OBSERVAÇÃO E PINTURA

> REALIZE A ATIVIDADE NA FICHA CORRESPONDENTE, NO **MATERIAL COMPLEMENTAR**. OBSERVE O PASSO A PASSO A SEGUIR.

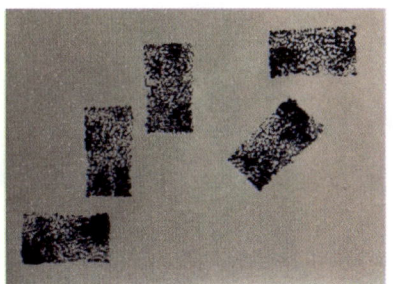

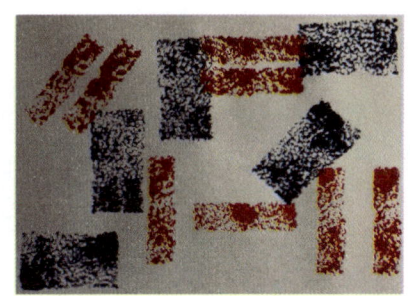

ACERVO DAS AUTORAS

FICHA 31 — CANTIGAS PARA CANTAR E DANÇAR EM RODA

EXPRESSÃO MUSICAL E CORPORAL

CIRANDA, CIRANDINHA

CIRANDA, CIRANDINHA
VAMOS TODOS CIRANDAR
VAMOS DAR A MEIA VOLTA
VOLTA E MEIA VAMOS DAR

O ANEL QUE TU ME DESTES
ERA VIDRO E SE QUEBROU
O AMOR QUE TU ME TINHAS
ERA POUCO E SE ACABOU

POR ISSO (NOME DE UM ALUNO)
ENTRE DENTRO DESTA RODA
DIGA UM VERSO BEM BONITO
DIGA ADEUS E VÁ EMBORA

CANTIGA POPULAR.

ALECRIM DOURADO

ALECRIM, ALECRIM DOURADO
QUE NASCEU NO CAMPO
SEM SER SEMEADO
ALECRIM, ALECRIM DOURADO
QUE NASCEU NO CAMPO
SEM SER SEMEADO

FOI MEU AMOR
QUE ME DISSE ASSIM
QUE A FLOR DO CAMPO É ALECRIM
FOI MEU AMOR
QUE ME DISSE ASSIM
QUE A FLOR DO CAMPO É O ALECRIM

CANTIGA POPULAR.

ESCRAVOS DE JÓ

ESCRAVOS DE JÓ
JOGAVAM CAXANGÁ,
TIRA, PÕE,
DEIXA FICAR

GUERREIROS COM GUERREIROS
FAZEM ZIGUE-ZIGUE ZÁ
GUERREIROS COM GUERREIROS
FAZEM ZIGUE-ZIGUE ZÁ

CANTIGA POPULAR.

A GALINHA DO VIZINHO

A GALINHA DO VIZINHO
BOTA OVO AMARELINHO
BOTA UM, BOTA DOIS, BOTA TRÊS
BOTA QUATRO, BOTA CINCO,
BOTA SEIS, BOTA SETE, BOTA OITO,
BOTA NOVE, BOTA DEZ!

CANTIGA POPULAR.

FICHA 32 — FREVO, DANÇA POPULAR DE PERNAMBUCO

EXPRESSÃO MUSICAL E CORPORAL

O FREVO É UMA DANÇA TÍPICA DE PERNAMBUCO, E AS PESSOAS USAM UMA SOMBRINHA PARA FAZER ACROBACIAS.

FICHA 33 — PARTE 1

FIGURA GEOMÉTRICA: O CÍRCULO

RECORTE, COLAGEM E DESENHO

**RODA, RODA, RODA
(CARANGUEJO PEIXE É)**

RODA, RODA, RODA
PÉ, PÉ, PÉ
RODA, RODA, RODA
CARANGUEJO PEIXE É

CARANGUEJO NÃO É PEIXE
CARANGUEJO PEIXE É
CARANGUEJO SÓ É PEIXE
NA ENCHENTE DA MARÉ

PALMAS, PALMAS, PALMAS
PÉ, PÉ, PÉ
RODA, RODA, RODA
CARANGUEJO PEIXE É

CANTIGA POPULAR.

ACERVO DAS AUTORAS

FIGURA GEOMÉTRICA: O CÍRCULO

RECORTE, COLAGEM E DESENHO

FICHA 34 — A ARTE DE TARSILA DO AMARAL

OBSERVAÇÃO EM OBRA DE ARTE

TARSILA DO AMARAL (1886-1973)

TARSILA DO AMARAL FOI UMA ARTISTA BRASILEIRA QUE PARTICIPOU DO MOVIMENTO MODERNISTA. SEUS TRABALHOS REPRESENTAM AS PAISAGENS, AS CORES E AS PESSOAS DO BRASIL.

CAIPIRINHA (1923), DE TARSILA DO AMARAL. ÓLEO SOBRE TELA, 60 CM × 81 CM.

FICHA 35 – PARTE 1
FAZENDO ARTE COM TARSILA DO AMARAL
DESENHO E PINTURA

O MANACÁ É UMA ÁRVORE DA MATA ATLÂNTICA BRASILEIRA ENCONTRADA NO PARANÁ, NO RIO DE JANEIRO, EM SANTA CATARINA E EM SÃO PAULO. AS FLORES TÊM TONS DE ROSA, DO MAIS CLARO AO MAIS ESCURO.

ESSA ÁRVORE FOI TEMA DA OBRA MANACÁ, DE TARSILA DO AMARAL, E DA MÚSICA DE ISAURINHA GARCIA, PÉ DE MANACÁ.

MANACÁ.

MANACÁ (1927), DE TARSILA DO AMARAL. ÓLEO SOBRE TELA, 76 CM × 63,5 CM.

FICHA 35 PARTE 2

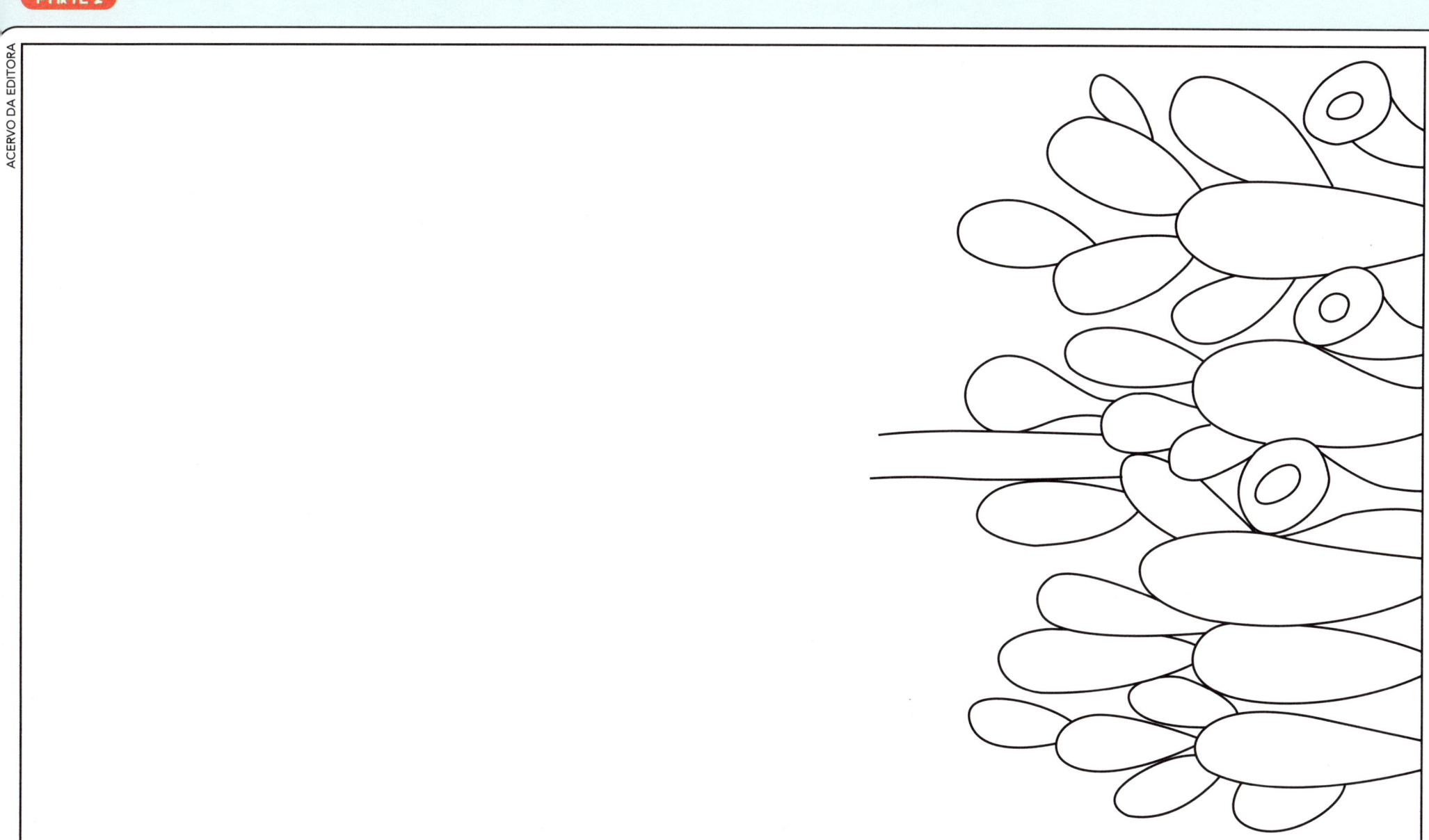

FAZENDO ARTE COM TARSILA DO AMARAL

DESENHO E PINTURA

FAZENDO ARTE COM TARSILA DO AMARAL

FICHA 36 — AS CORES SECUNDÁRIAS

OBSERVAÇÃO E IDENTIFICAÇÃO

AS CORES PRIMÁRIAS SÃO AS DENOMINADAS "PURAS". SÃO ELAS O AZUL, O VERMELHO E O AMARELO.

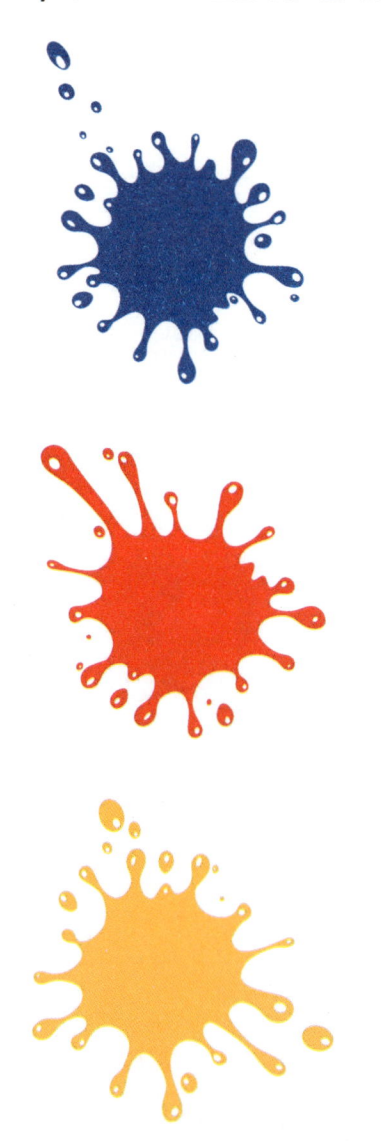

AS CORES SECUNDÁRIAS SÃO O RESULTADO DA MISTURA DE DUAS CORES PRIMÁRIAS, NA MESMA PROPORÇÃO. SÃO ELAS O VERDE, O LARANJA E O ROXO.

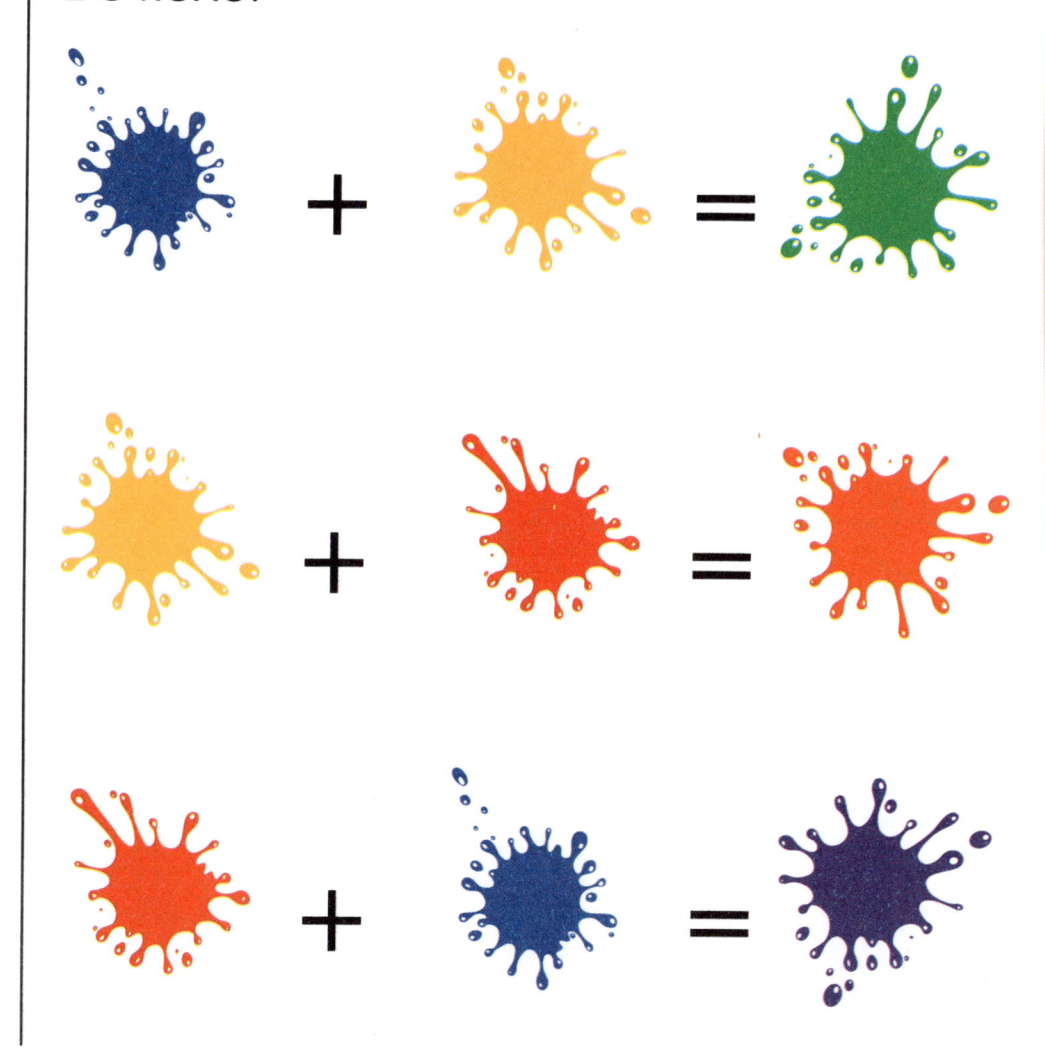

FICHA 37 — A COR VERDE

OBSERVAÇÃO E IDENTIFICAÇÃO

A COR VERDE ESTÁ PRESENTE NA NATUREZA, EM ANIMAIS, NOS ALIMENTOS E NA VEGETAÇÃO. TAMBÉM ESTÁ PRESENTE NA OBRA *YOUNG LADY WITH GLOVES* (GAROTA DE VERDE COM LUVAS), DE TAMARA DE LEMPICKA.

YOUNG LADY WITH GLOVES (GAROTA DE VERDE, COM LUVAS) (1930), DE TAMARA DE LEMPICKA. ÓLEO SOBRE MADEIRA, 45,5 CM × 61,5 CM.

FICHA 38 — TRABALHANDO COM A COR VERDE

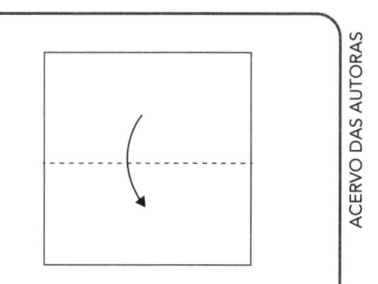

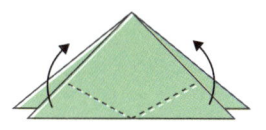

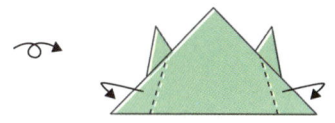

DOBRADURA

SAPO-CURURU

SAPO-CURURU
NA BEIRA DO RIO
QUANDO O SAPO
CANTA, Ô MANINHA
É PORQUE TEM FRIO

A MULHER DO SAPO
DEVE ESTAR LÁ DENTRO
FAZENDO RENDINHA,
Ô MANINHA
PARA O CASAMENTO

CANTIGA POPULAR.

TRABALHANDO COM A COR VERDE

FICHA 39
USANDO O CORPO COMO INSTRUMENTO MUSICAL

EXPRESSÃO MUSICAL E CORPORAL

FICHA 40 PARTE 1 — OS INSTRUMENTOS E SEUS SONS

EXPRESSÃO MUSICAL E PINTURA

TUBA.

CLARINETE.

VIOLINO.

TROMBONE.

FLAUTA.

VIOLONCELO.

OS INSTRUMENTOS E SEUS SONS

FICHA 40 — PARTE 2

EXPRESSÃO MUSICAL E PINTURA

DESIGNER_AN/SHUTTERSTOCK

KOTO MOTO/SHUTTERSTOCK

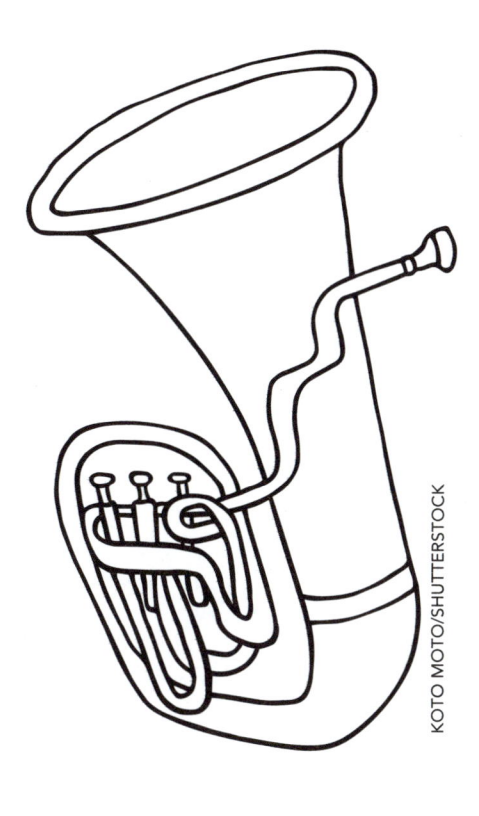

TEM GATO NA TUBA

TODO DOMINGO HAVIA BANDA
NO CORETO DO JARDIM
VISTA DE LONGE A GENTE OUVIA
A TUBA DO SERAFIM...

PORÉM UM DIA ENTROU UM GATO
NA TUBA DO SERAFIM
E O RESULTADO
DESSA "MELÓDIA"
FOI QUE A TUBA TOCOU ASSIM:

PUM... PUM... PUM... (MIAU)
PUM PU RU RUM PUM PUM... (MIAU)
PUM... PUM... PUM... (MIAU)
PUM PU RU RUM PUM PUM...

TEM GATO NA TUBA.
ALBERTO RIBEIRO DA VINHA E
CARLOS ALBERTO FERREIRA BRAGA
(COMPOSITORES).

FICHA 41 — A COR LARANJA

OBSERVAÇÃO E IDENTIFICAÇÃO

A COR LARANJA ESTÁ PRESENTE NA NATUREZA, NOS ANIMAIS, NOS ALIMENTOS E NA OBRA *JAMAICA*, DE BEATRIZ MILHAZES.

JAMAICA (2006-2007), DE BEATRIZ MILHAZES. SERIGRAFIA E XILOGRAVURA SOBRE CARTÃO, 175 CM X 175 CM.

FICHA 42
TRABALHANDO COM A COR LARANJA
PINTURA COM ROLHA

FICHA 43

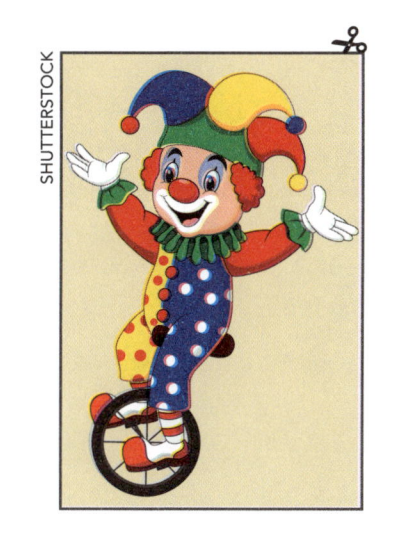

TEATRO: CONHECENDO E INTERPRETANDO PERSONAGENS

EXPRESSÃO CORPORAL E RECORTE

TEATRO: CONHECENDO E INTERPRETANDO PERSONAGENS

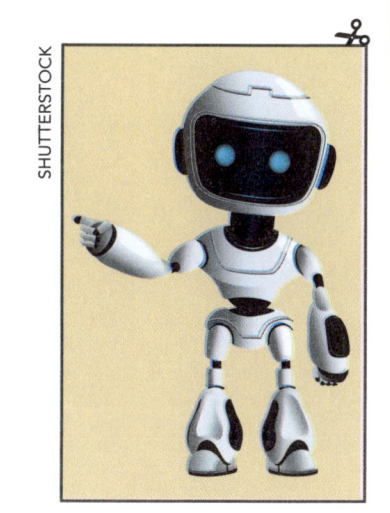

FICHA 44

TEATRO: INTERPRETANDO PERSONAGENS

EXPRESSÃO CORPORAL, DESENHO E PINTURA

CARACTERÍSTICAS DO MEU PERSONAGEM

NOME: _____

IDADE: _____

NACIONALIDADE: _____

PROFISSÃO: _____

MEU JEITO DE SER: _____

_____

_____

_____

FICHA 45 — ARTE E CULTURA INDÍGENAS

MONTAGEM

NÃO SE SABE EXATAMENTE QUANDO A PETECA SURGIU, MAS SABE-SE QUE ERA USADA POR INDÍGENAS NATIVOS, ANTES MESMO DO DESCOBRIMENTO DO BRASIL. NAQUELA ÉPOCA, O OBJETO ERA UTILIZADO PELOS INDÍGENAS PARA SE MOVIMENTAR E AQUECER O CORPO EM DIAS MUITO FRIOS.

FICHA 46 — A COR ROXA

OBSERVAÇÃO E IDENTIFICAÇÃO

O ROXO ESTÁ PRESENTE NA NATUREZA: É A COR DA PEDRA AMETISTA, DO PEIXE BETA E DA FLOR DE ÍRIS, USADA PELO ARTISTA LOUIS VALTAT PARA PINTAR SUA OBRA.

JCLOBO/SHUTTERSTOCK

ODDI CHANDRA PRATAMA/SHUTTERSTOCK

MARINA VN/SHUTTERSTOCK

COLEÇÃO PARTICULAR

PAISAGEM COM ÍRIS VIOLETA (1903), DE LOUIS VALTAT. ÓLEO SOBRE TELA, 65,5 CM × 81 CM.

FICHA 47 — TRABALHANDO COM A COR ROXA

PINTURA

REALIZE A ATIVIDADE NA FICHA CORRESPONDENTE, NO **MATERIAL COMPLEMENTAR**. OBSERVE O PASSO A PASSO A SEGUIR.

ACERVO DAS AUTROAS

FICHA 48

A ARTE DE VINCENT VAN GOGH

VINCENT VAN GOGH (1853-1890)

É UM FAMOSO PINTOR FRANCÊS QUE PINTOU MAIS DE 900 QUADROS E FEZ MAIS DE 1 000 DESENHOS. EM VIDA, VENDEU APENAS UM QUADRO, E HOJE SUAS OBRAS VALEM MILHÕES.
VAN GOGH GOSTAVA MUITO DA COR AMARELA E FEZ VÁRIOS QUADROS COM GIRASSÓIS.

PHILADELPHIA MUSEUM OF ARTE, FILADÉLFIA, EUA

VASO COM DOZE GIRASSÓIS (1889), DE VINCENT VAN GOGH.
ÓLEO SOBRE TELA, 95 CM × 73 CM.

MUSEU DE ARTE MODERNA, NOVA YORK, EUA

NOITE ESTRELADA (1889), DE VINCENT VAN GOGH.
ÓLEO SOBRE TELA, 73,7 CM × 92,1 CM.

FICHA 49

FAZENDO ARTE COM VINCENT VAN GOGH

PINTURA E MONTAGEM

REALIZE A ATIVIDADE NA FICHA CORRESPONDENTE, NO **MATERIAL COMPLEMENTAR**. OBSERVE O PASSO A PASSO A SEGUIR.

ACERVO DAS AUTORAS

FAZENDO ARTE COM VINCENT VAN GOGH

FICHA 49-A

FAZENDO ARTE COM VINCENT VAN GOGH

PINTURA

NOME: _____

FAZENDO ARTE COM VINCENT VAN GOGH 71

FICHA 50 — TRABALHANDO COM MASSA DE MODELAR

MODELAGEM

ACERVO DAS AUTORAS

72 TRABALHANDO COM MASSA DE MODELAR

MATERIAL COMPLEMENTAR

FICHA 5 PARTE 2

FICHA 20

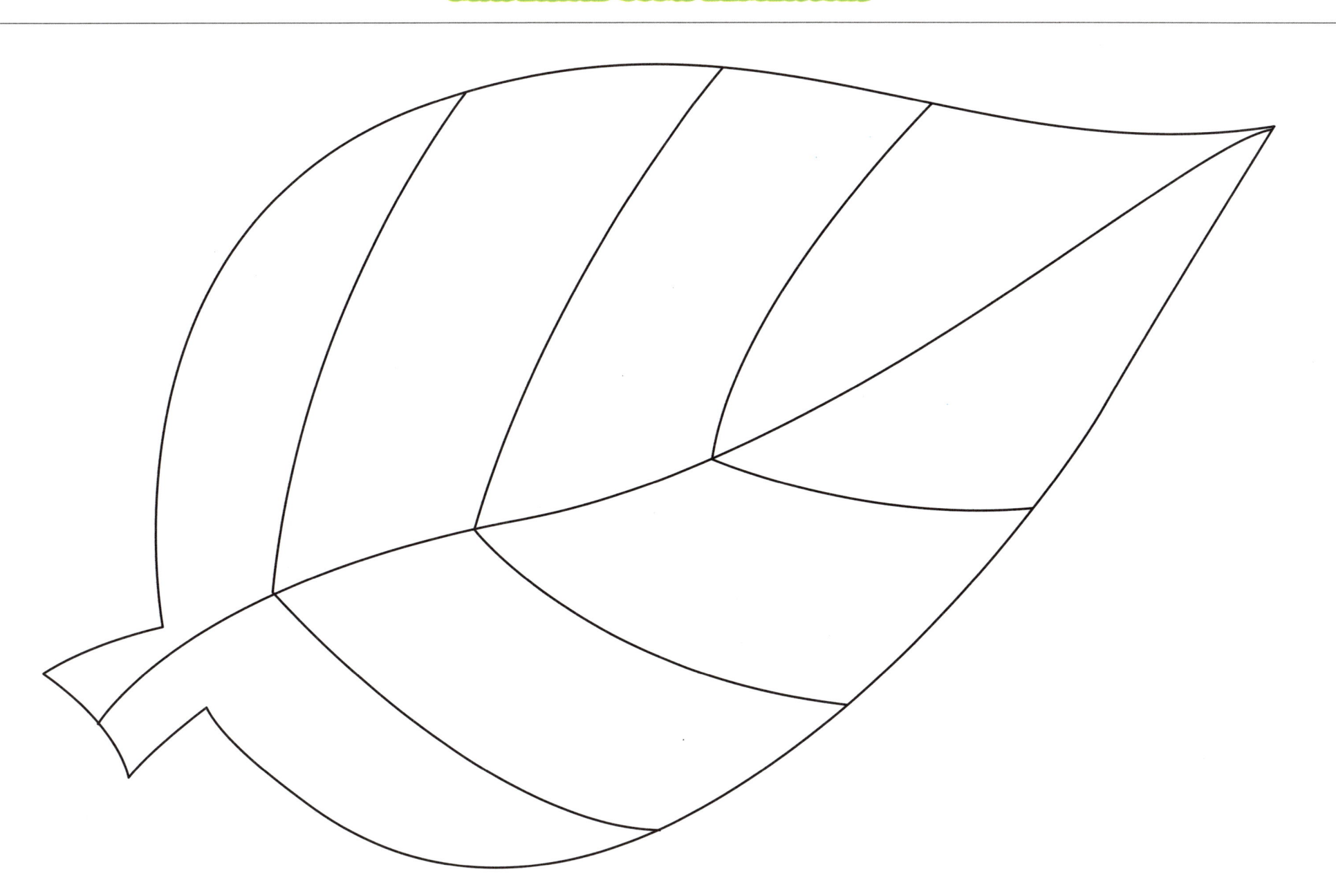

MATERIAL COMPLEMENTAR

FICHA 24

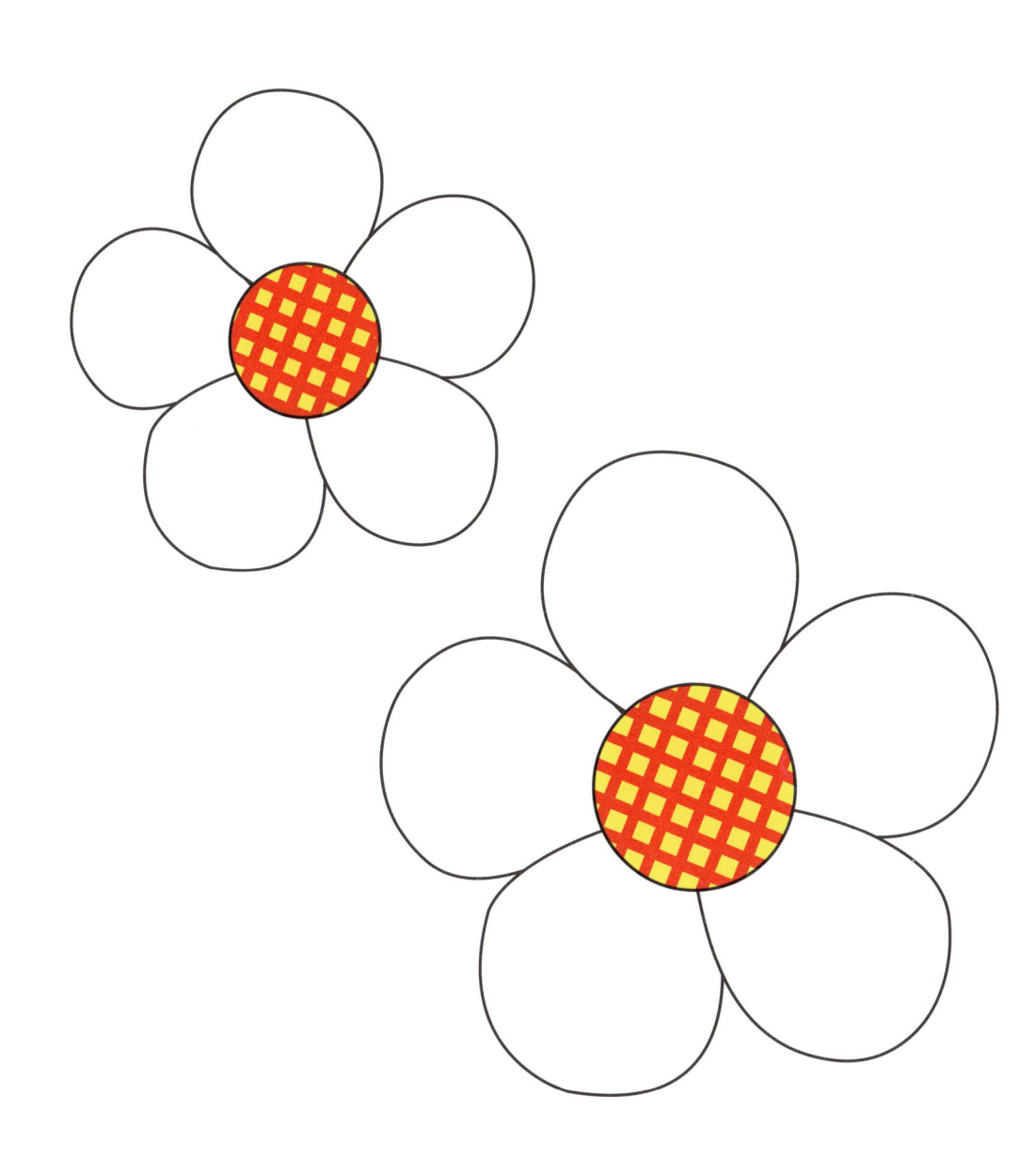

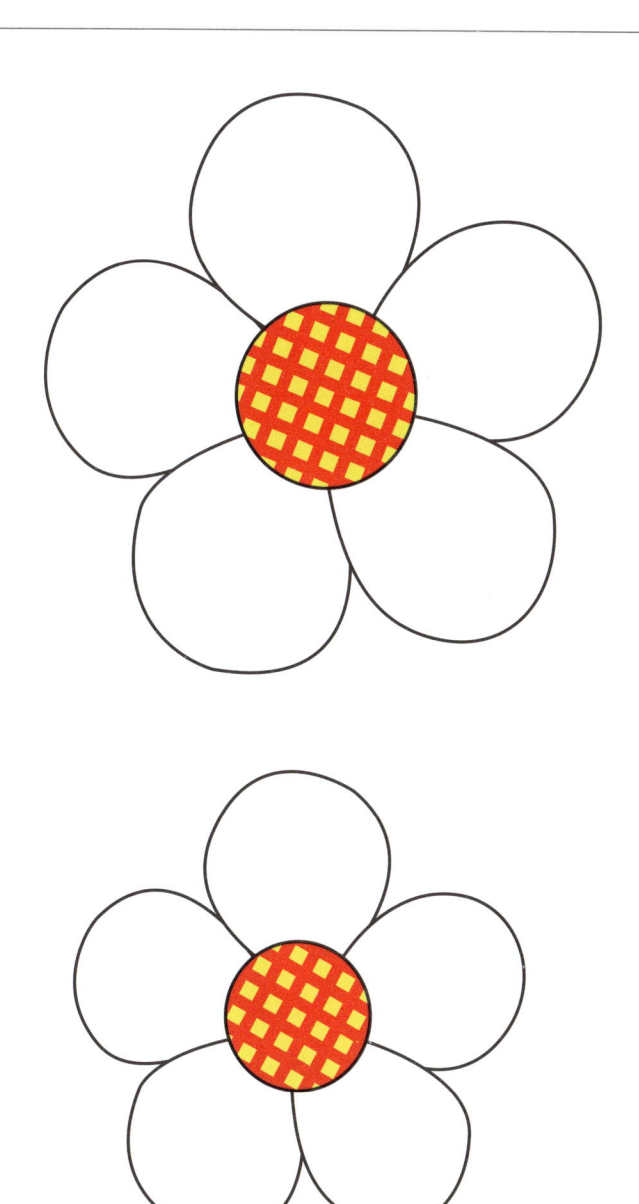

MATERIAL COMPLEMENTAR

FICHA 27
PARTE 2
MATERIAL COMPLEMENTAR

Parte integrante do livro *Arte e Habilidade* – 1º ano

FICHA 30

MATERIAL COMPLEMENTAR

FICHA 47

MATERIAL COMPLEMENTAR

Parte integrante do livro Arte e Habilidade – 1º ano
ACERVO DAS AUTORAS

FICHA 49

MATERIAL COMPLEMENTAR

ACERVO DA AUTORA

Parte integrante do livro *Arte e Habilidade* – 1º ano

79

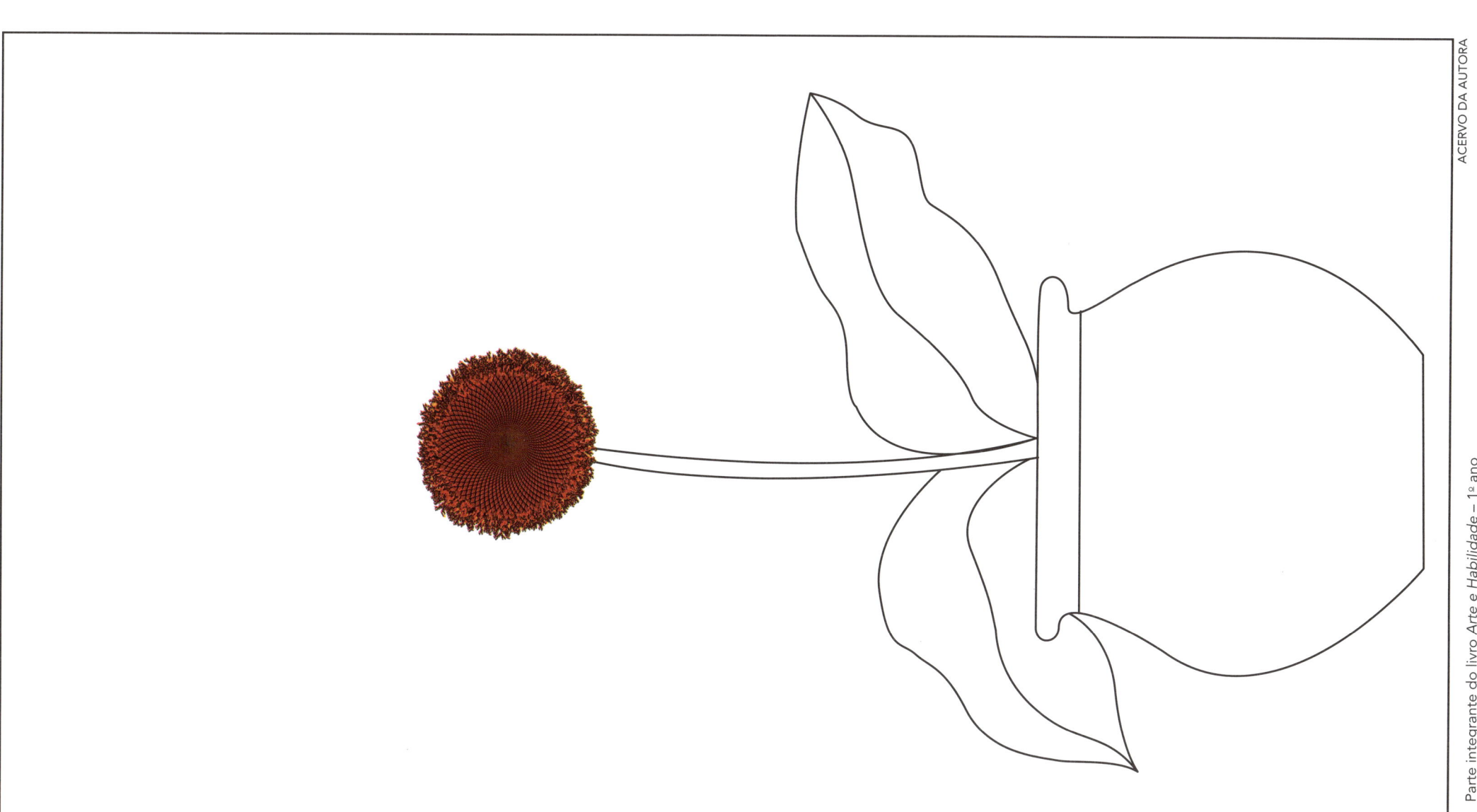

Datas comemorativas

É CARNAVAL!

NOME: _____

É CARNAVAL!

PÁSCOA

Feliz

Páscoa

NOME: _____

DIA DOS POVOS INDÍGENAS

PARTE 1

NA CESTARIA, QUE É A ARTE DE TRANÇAR FIBRAS, OS INDÍGENAS PRODUZEM ESTEIRAS, REDES, CHAPÉUS, PENEIRAS, BALAIOS, E A DECORAÇÃO DESSES OBJETOS É GEOMÉTRICA. ELES UTILIZAM CORANTES NATURAIS PARA TINGIR AS FIBRAS A FIM DE OBTER CORES DIFERENTES E CRIAR CONTRASTE QUANDO ESTÃO TECENDO.

CESTARIA INDÍGENA DA ETNIA GUARANI.

ARTESÃ INDÍGENA DA ETNIA GUARANI MBYÁ, DA ALDEIA NHAMANDU OUA, CONFECCIONANDO CESTA COM PALHA DE TAQUARA. ITANHAÉM, SÃO PAULO. FOTO DE 2021.

NOME: _____

DIA DOS POVOS INDÍGENAS

PARTE 2

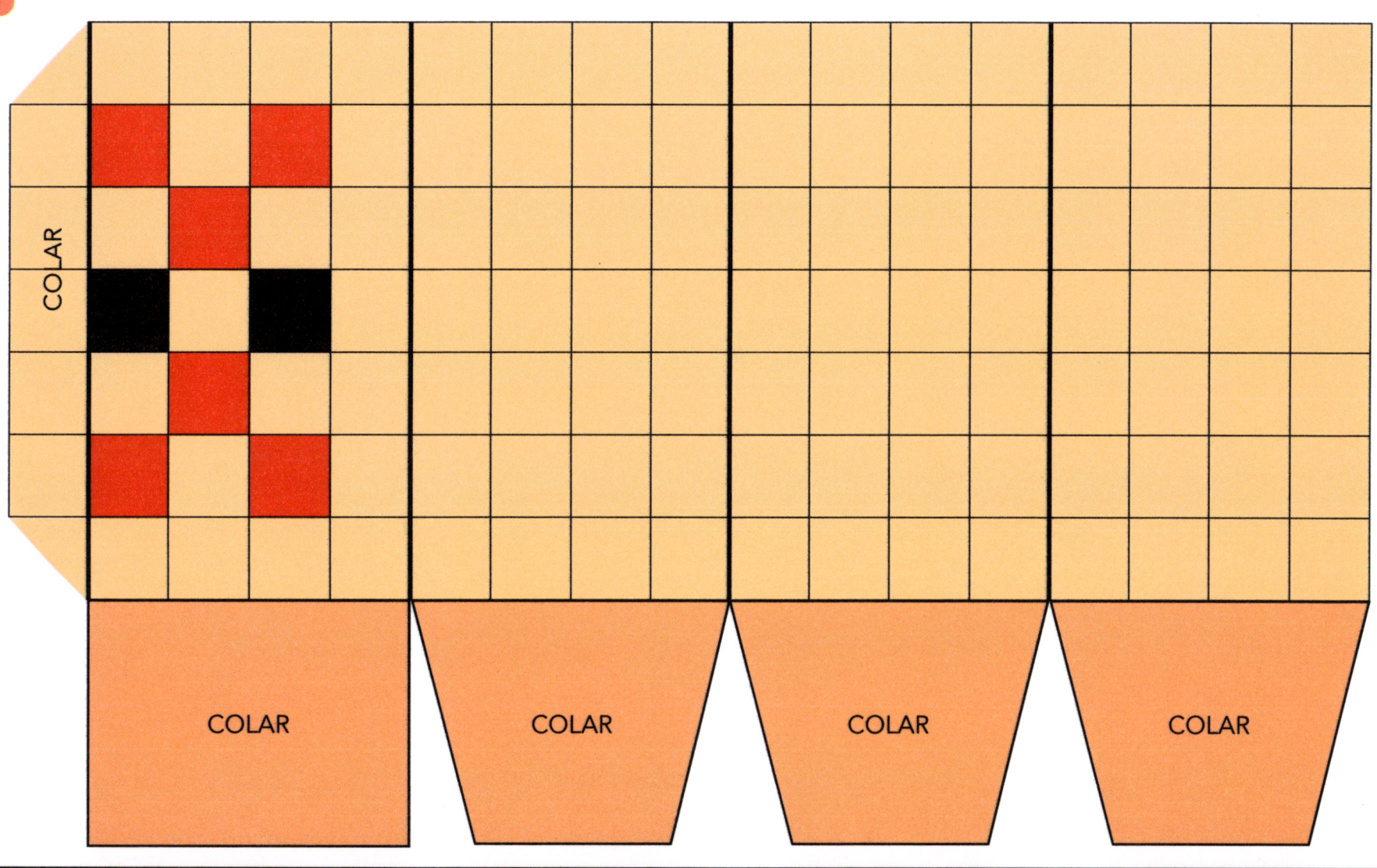

COLAR

COLAR COLAR COLAR COLAR

DIA DAS MÃES

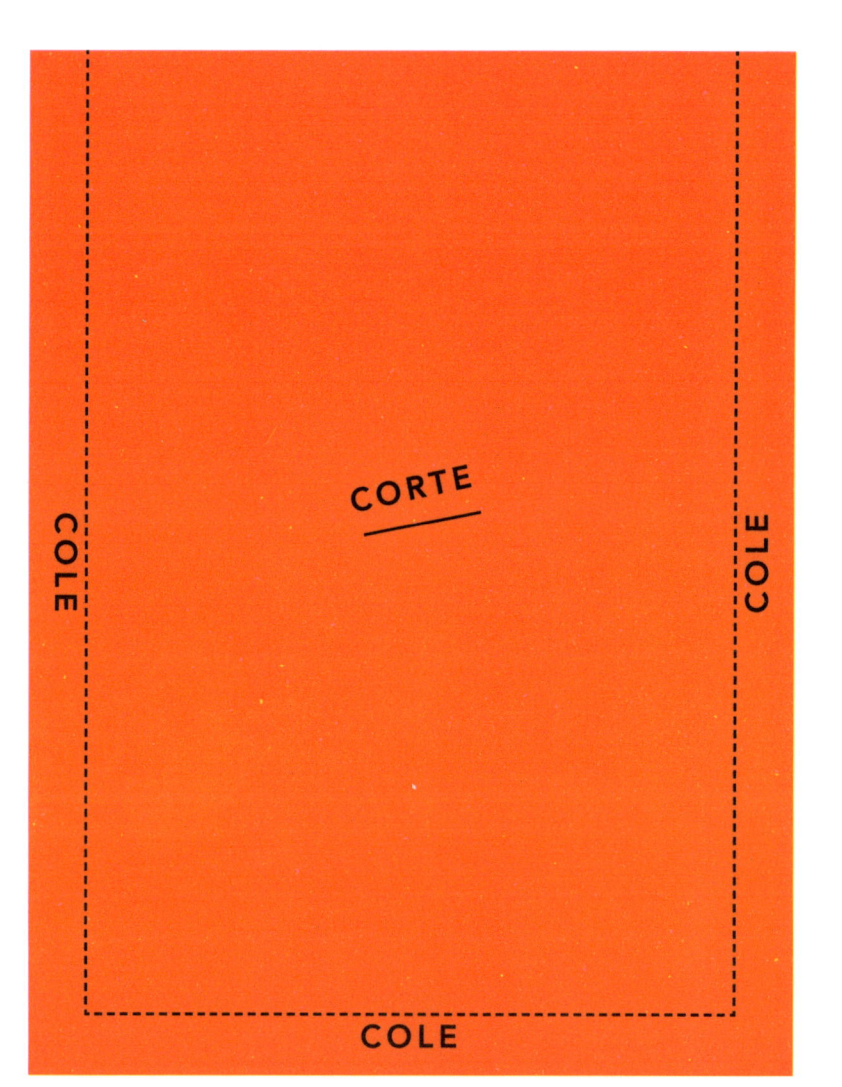

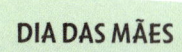

COLE | CORTE | COLE

COLE

NOME: _____

DIA DAS MÃES 85

FESTAS JUNINAS

NOME: _____

DIA DOS PAIS

PARTE 1

TENHO UM GRANDE AMIGO
AMIGO DO CORAÇÃO
É MEU PAI QUERIDO
COMO ELE, NÃO HÁ, NÃO

UM PAI, NOSSO AMIGO,
QUE NOS AME A VALER
É O TESOURO MAIS QUERIDO
QUE UM FILHO PODE TER

CULTURA POPULAR.

NOME: _____

DIA DOS PAIS

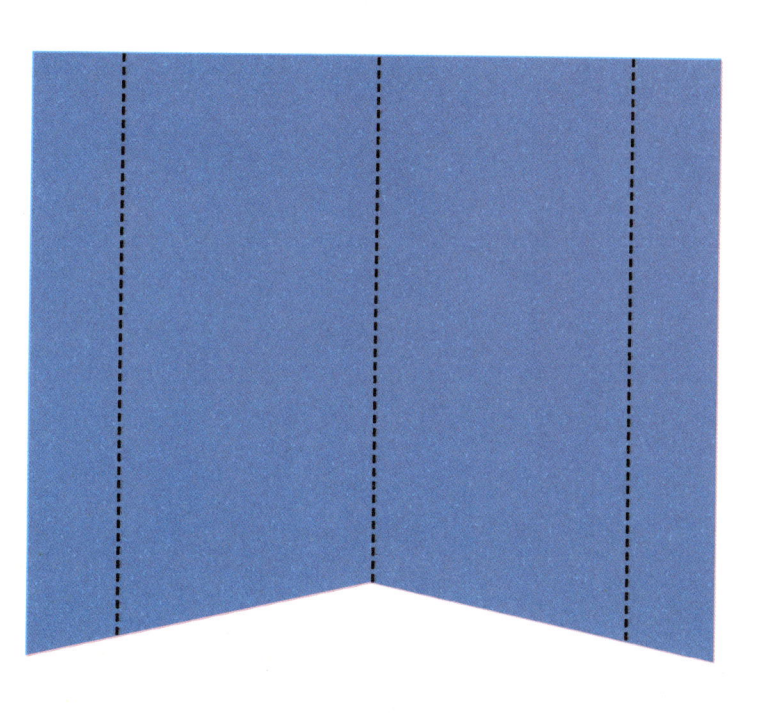

PARTE 2

NOME: _____

Parte integrante do livro Arte e Habilidade – 1º ano

DIA DOS PAIS 88

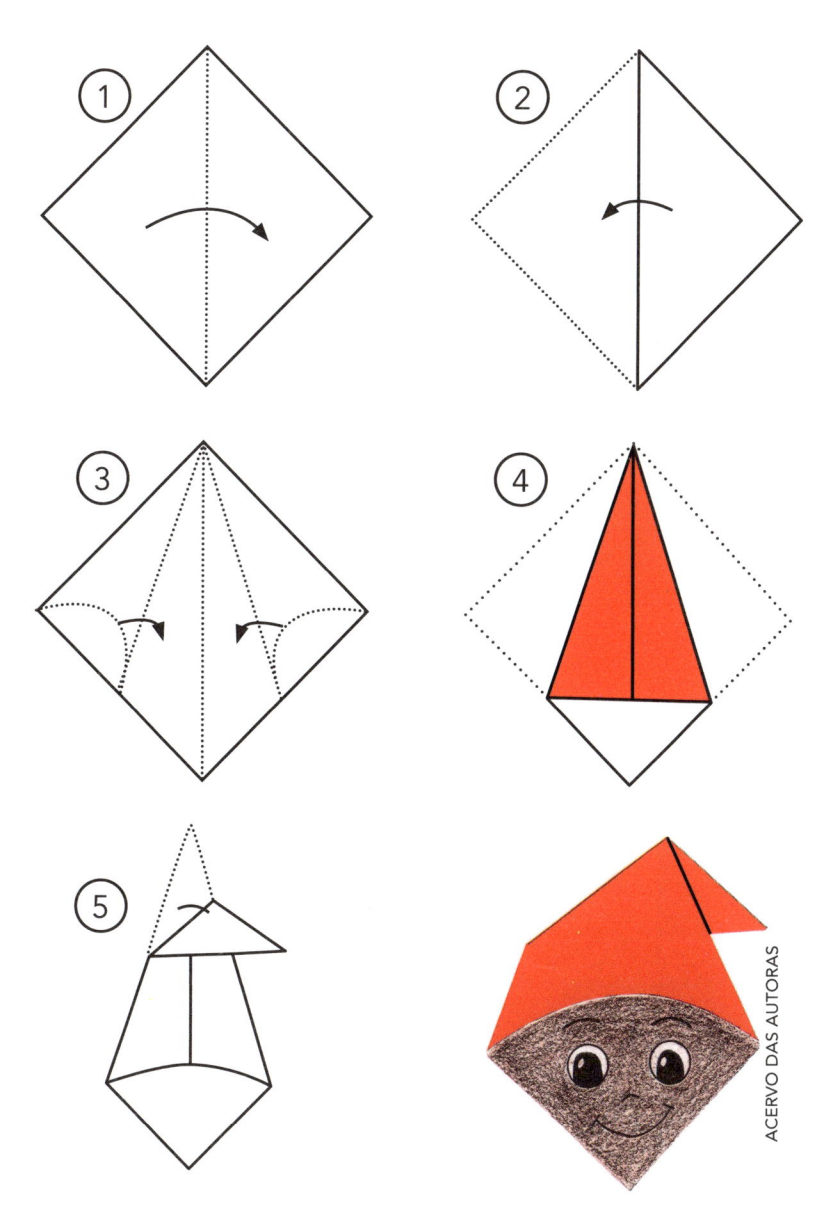

DIA DO FOLCLORE

CORTAR

CORTAR

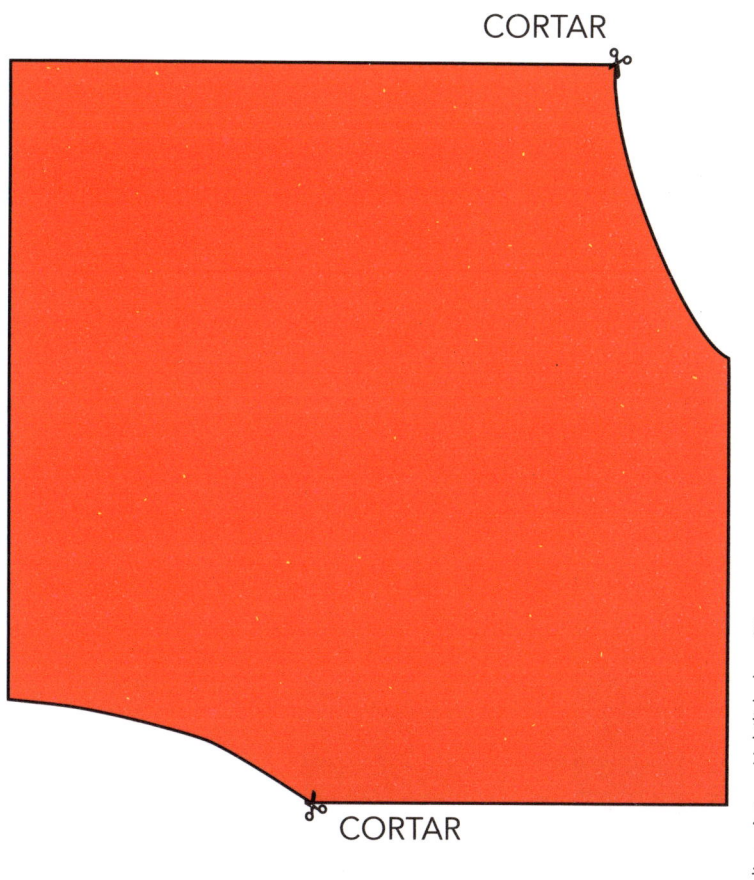

Parte integrante do livro Arte e Habilidade – 1º ano

ACERVO DAS AUTORAS

DIA DO FOLCLORE 89

PRIMAVERA

NOME: _____

PRIMAVERA 90

DIA DAS CRIANÇAS

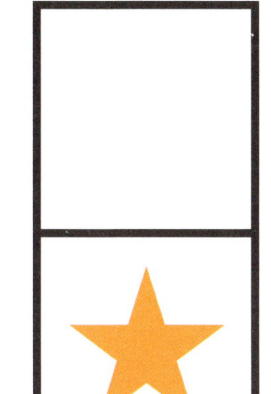

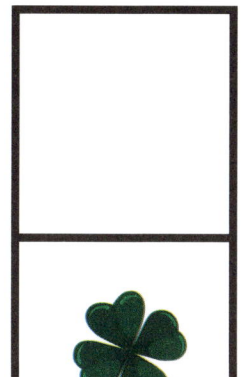

PARTE 1

NOME: _____

DIA DAS CRIANÇAS

DIA DAS CRIANÇAS

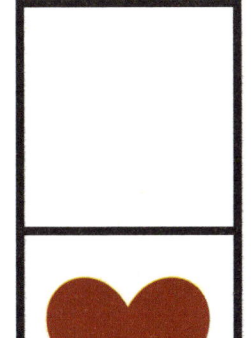

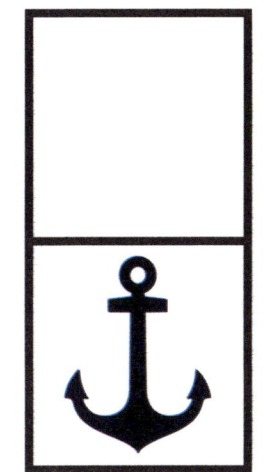

PARTE 2

NOME: _____

NATAL

MATVEEVA_MARIA/SHUTTERSTOCK

LINEFAB PORTFOLIO/SHUTTERSTOCK

Parte integrante do livro Arte e Habilidade – 1º ano

NATAL 93

NATAL

OLGA MOONLIGHT/SHUTTERSTOCK

ROMASHKA2/SHUTTERSTOCK

Parte integrante do livro Arte e Habilidade – 1º ano

NATAL 94

ADESIVOS

FICHA 15 – OLHOS DA BALEIA

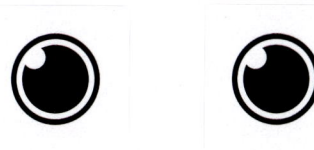

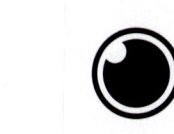

FICHA 29 – OLHOS DO PEIXINHO

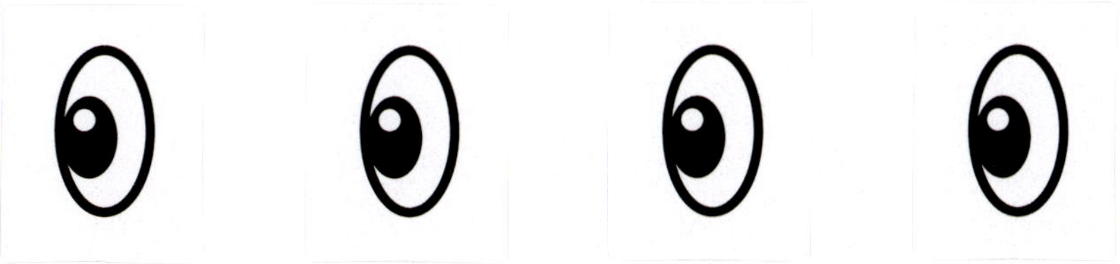

FICHA 33 – OLHOS DO CARANGUEJO

FICHA 38 – OLHOS DO SAPINHO

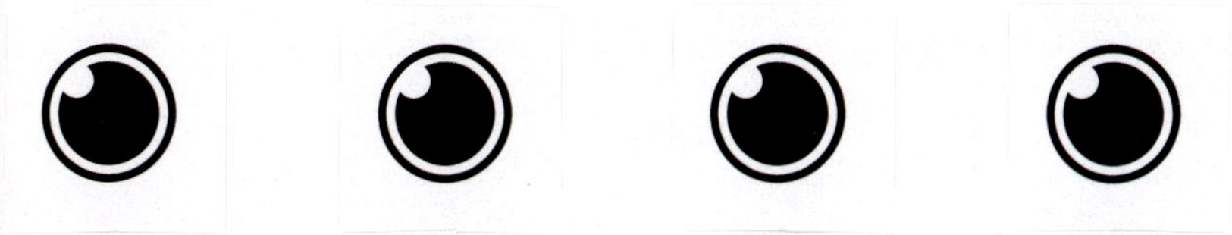

PÁSCOA

DIA DAS MÃES

CRÉDITOS: SHUTTERSTOCK

Parte integrante do livro *Arte e Habilidade* – 1º ano

95

ADESIVOS

DIA DOS PAIS

FOLCLORE – OLHOS DO SACI

PRIMAVERA

NATAL